JN000128

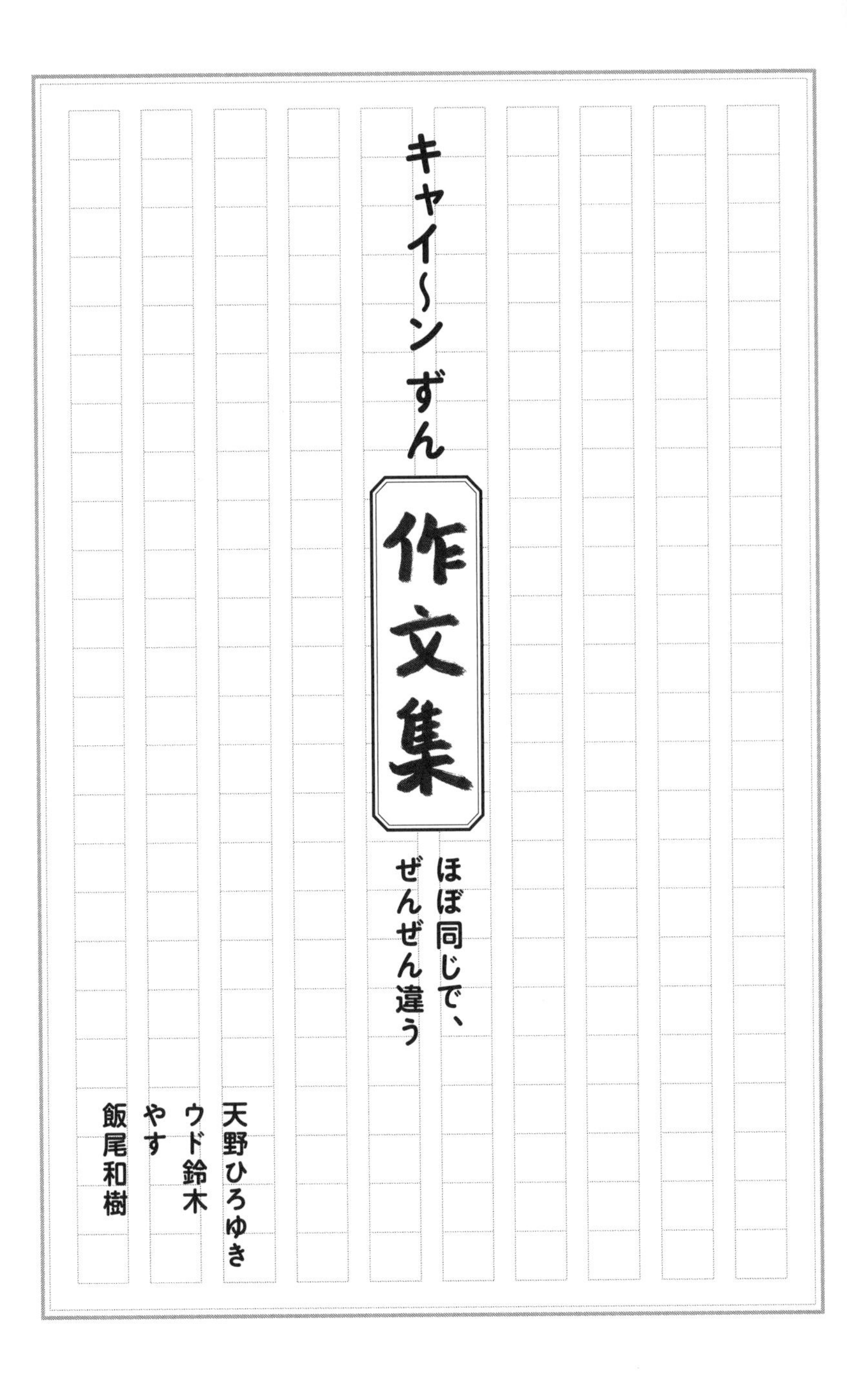
キャイ〜ンずんん
作文集
ほぼ同じで、
ぜんぜん違う
天野ひろゆき
ウド鈴木
やす
飯尾和樹

作文を書くなんて何年振りだろう。
ほぼ同じ時代を生きてきても、
四者四様まったく違う文章、スタイルになっている。
ほぼ同じなのに、ぜんぜん違う。
親友、友だち、同士、仲間……、うーむ。
4人の関係を表す言葉がしっくりこない。
この珍しい関係は……ん？　珍しい……友達……。
「珍友」
うん、これがいい。
4人の珍友の物語。
はじまり、はじまり～。

天野ひろゆき

気がつけば
そして振り向けば
いつも一緒
これからもずっと
4人フォーエバー

ウド鈴木

初めてです。
22歳でお笑いの世界に飛び込んで、
苦節32年、本を出せました！
18歳まで過ごした宮崎の小中高の母校の
図書室にも置きに行って、無理やり後輩たちに
見せつけたいと思います（笑）
これで僕も一流芸能人の仲間入りや。
ヤッター！
3人、ありがとーーーー！

ぺっこり31°、ずんの飯尾和樹です。
んっ？ このはじめがきページを
お読みになっているってことは、
本を買っていただいた、
もしくは迷っていらっしゃるんですね。
これはこれはどちらさまも、ぺっこり深々88°、
ありがとうございます。
同期4人、それぞれの作文です。
もし良かったら気楽に読んでください。

飯尾和樹

キャイ〜ンずん 作文集

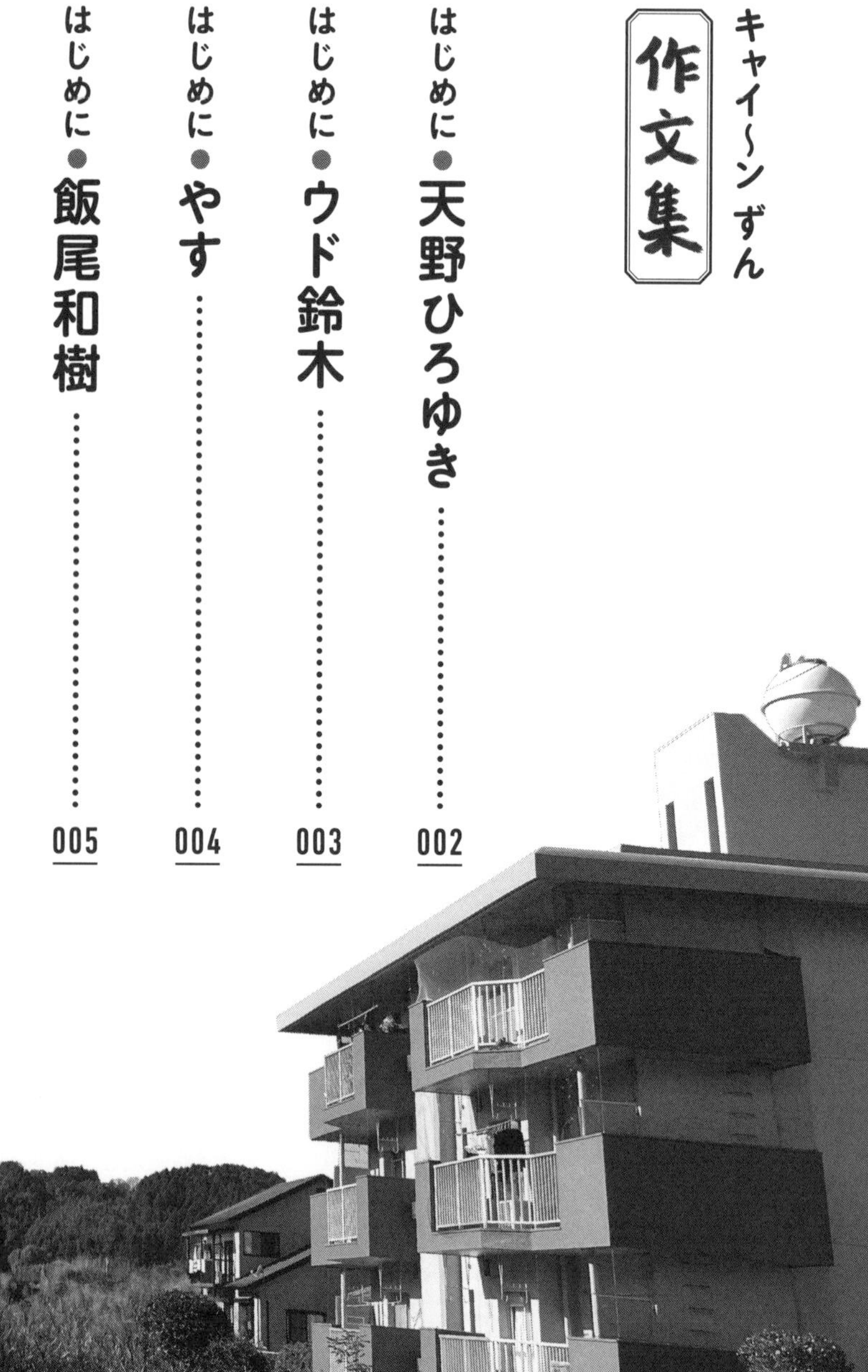

CONTENTS

Nodo
Nule

CONTENTS

デビュー以来、ほぼ同期であり、ほぼ家族のような関係で、ほぼ同じ時代を過ごしてきた4人がお互いのことを、ほぼ初めて語り合います。

芸人に涙は禁物。でも、涙もろくなった4人

ウド「僕は感動しております！　こうやって天野くん、やすぼん、飯尾さんの4人で本を出せることに……」

天野「ウドちゃん、泣かないでよ(笑)　もう涙もろいんだから。昔はさ、お笑い芸人たるものは絶対泣かないっていうのがあったよね。さんまさんがおっしゃってたけど、笑わせる仕事をしている芸人が泣いちゃダメだって。でも、まあ〜涙もろくなってきちゃうのよ。例えばテレビ番組の『はじめてのおつかい』とかで、子どもが頑張ってるだけで泣けちゃうのよ」

ウド「わかる。僕も、その頑張ってる子どもにバレないようにカメラを回しているスタッフさんの努力に涙しちゃう」

天野「どこで泣いてんだよ。まあでも、ウドちゃんは結婚式でも必ず泣くよね。新郎の知り合いなのに、初めてお会いする新婦の幼少期VTRで泣いているのをよく見る」

ウド「アハハハ」

飯尾「そうそう。結婚式のクライマックスで、新婦がご両親に感謝の手紙を読むじゃない。その時、ヒデキ[※1]が真っ先に、グスン、グスン、ワァ〜ンって泣き出しちゃって、周りも、『えっ!? なぜあなたが? しかも新婦とは、今日が初対面のあなたが?』ってなって(笑)。肝心の新婦のご両親も泣くに泣けなくなっちゃってさ(笑)」

ウド「だって、感動しちゃうんだも〜ん」

飯尾「やすは、普段あまり泣かない気がする」

やす「泣かないっすねー。我慢しますねー、九州男児は。家にひとりでテレビだと、あれ! 『北の国から』! あれを観たら必ず泣きます」

天野「九州なのに?」

やす「『南の国から』だったら、もっと泣くのかな」

飯尾「ドラマで泣くのもわかる。でも、泣くのっていいんだよね。自分でここは泣きそうだって感じたら、我慢しないほうがいいんだってさ。そのまま思いっきり泣く。自分がこ

※1、飯尾はウド鈴木のことをヒデキと呼ぶ。

の曲を聴いたら泣く、わざわざ泣いてストレス発散したほうがいいんだって。これを見たら泣くというネタを持ってたほうがいいって、それを誰かから聞いて確かにそうだなーって感じた。泣く、笑う、最高のストレス発散のひとつなんだって」

ウド「僕は、天野くんが歌うことで泣けるんです」

天野「コブクロの『蕾(つぼみ)』ね！」

飯尾「やすと一緒で俺もさ、ちょっと我慢しちゃうかもしれない。10年前くらいのことなんだけどさ、バラエティー番組のスタジオで、大学受験生のドキュメンタリーを見たことがあって。事前にスタッフさんから、『飯尾さん、感動したら泣いていいですからね』って言われていたんだけど、泣けなかったことがある。だって、好きなことにチャレンジできることって幸せじゃない！　もちろん本人の悔し涙はあるし、感動してジーンとは来るんだけど、よく頑張った！って褒(ほ)め称(たた)えてあげたいから、微笑(ほほえ)んじゃった」

ウド「飯尾さんは幸せのあり方をさまざま知ってるからじゃない？」

天野「自分の好きなことやってうまくいかなかったら、再度チャレンジすればいいっていう精神はあるよね」

飯尾「そうなんだよね。泣くといえば、昔、友人の光がお薦めしてくれた韓国映画『僕の彼女を紹介します』を観ていた時、自分は実話以外では泣かないと思ってたんだけど、気づいたら涙でデロデロになってました(笑)」

やす「それは飯尾さんの顔が、ヒロインの相手役のキョヌに似ていたからじゃないですか？『僕の彼女を紹介します』の」

飯尾「えっ、俺の顔が？　やすさぁ〜、ホントいい加減なコメントだなー。よくあるんですよ、うちの相方。前もさ、ある番組で、『うちの相方、時々、錦戸亮くんに似てるなぁ〜と思う時があるんですよ』って言い出して、スタジオにいた観覧のお客さんが、『えっ、どこが？』ってなったよね(笑)」

やす「レイコンマ、レイレイレイイチぐらいよ。レイコンマ(笑)」

飯尾「レイコンマって、まったく似てないってことじゃないの」

やす「でも、いまだに言うってことは、錦戸亮くんに似てるにしがみついてるんじゃないですか(笑)」

飯尾「ツラい時の励みにしてるんだよ」

ウド「さすがハゲますね〜！」

やす「ハハハハ。さすが！」

飯尾「出た！　ダジャレ隊。最近、この2人はダジャレばっかり。街ですれ違った人から言われたパターンだったら、まあまあ面白いダジャレなんだけど、ダジャレって大笑いするのは10回に1〜2回で、あとは、なるほどねって感心で終わっちゃうんだよね」

ウド「ありがとうございます〜」

飯尾「褒めてないんだよ、鈴木くん」

やす「ありがとうございます〜。昔より今は受け止めてくれるから助かります」

飯尾「えっ、許してると思ってたの!?」

ウド「僕も20代のころはダジャレを言ってなかったんだけどな〜」

天野「なんで2人は最近、ダジャレを言うようになったんだよ?」

ウド「ちょっとまじめな話になっちゃうから……」

天野「聞かせてよ、こっちは真剣に悩んでるんだから(笑)」

ウド「いや、その。バラエティーでも何か聞かれた時に、まじめに答えてしまったなぁという時があって、それじゃダメだと。なにか返す時に笑いのニュアンスを重ねたいな、編集でカットされてもいいから、何かと考えると、ダジャレを入れちゃうんですよ〜」

やす「使命感ですね(笑)」

ウド「そうなんです。何か言いたいなという使命感」

飯尾「それがダジャレじゃなくてもいいのにな」

天野「そうなんだよ」

飯尾「ヒデキはさ、これまで多くの人を笑わせてきて、海千山千の現場で笑いを広げてきたにも関わらず、ダジャレに戻るってことは、月日を重ねて何かあったのかな? 誰かのダジャレを聞いて感動した、あるいは衝撃を受けたとか」

ウド「いえ、なにも」

飯尾「えっ! じゃあ、なぜ……。や、やすはウド鈴木の影響でしょ？」
やす「背中を追いかけてます」
飯尾「意気投合！　厄介（やっかい）だなぁ〜、こりゃ」
やす「ハハハハ。ゴルフをやっていると、特にオヤジギャグが飛び交ってるから。先にパットを打つ時に『ジャンボお先』とか、距離が届かなかったら、俳優の三浦友和さんからいただいて、『三浦届かず』って言ったり。それ、基準にしてますね」
飯尾「それ、ゴルフ場に置いてこいよ」
やす「ワハハハ」

誰にも相談しない天野
みんなから相談される飯尾

やす「ダジャレもそうですけど、歳をとると失敗も面白くなったのもありますね。失敗を受け入れて楽しめるといいますか」
天野「年齢的に失敗が受け入れられるようになったんじゃない？　若い頃は失敗したくないって感じが勝っちゃうというか」
ウド「味わいがますます出てきたやすぼんのキャラクターに、年齢もプラスに働いたんですよ〜！」
天野「丸くなったっていう表現はどうかはわかんないけど、歳を重ねると気持ちが変わってくることもあるよね」
飯尾「おいおい、やすを甘やかさないでくれよー。それは周りが受け入れているんじゃない、笑うしかないんだよ」
やす「せっかく乗ってきたのに、なんだよ」

ウド「全部ね、笑いになる要素が増えてきて、ほのぼのしていいよね～！　僕も歳をとっておだやかになった。昔は猛々しかったし、自分を抑えられなかった。正直、直下型っていうか落下型っていうか、すべてにおいて自分が怖かったところがあります」

飯尾「我慢してたことあった？」

ウド「してるように見えてた？」

飯尾「うん。普段ニコニコしてるから険しい表情をすると、周りはみんなびっくりしてた」

ウド「喜怒哀楽が昔はコントロールできずに自分に振り回されて、周りの人も振り回していたのかもしれないですね～！　今は、昔よりもなだらかな感情になってきて、欲もあんまりなくなってきたような気がします」

飯尾「ヒデキはめちゃくちゃ働いて、プライベートでもエネルギッシュだったよね。まあ、今もだけど」

天野「忙しい時こそ逆にエネルギッシュになる、あの頃は世の中もそうだったんじゃない？」

ウド「今もあれだったら、僕は倒れちゃうかも。今は一日一日を、大事に生きてる。豆腐、めかぶ、納豆、梅エキスを食べて、乳酸菌を飲んで頑張ってます」

天野「ウドちゃん、かつては一食にカツ丼を3杯食べてたのにな～。しかも大盛り。変わったね～」

ウド「おじさんにならなきゃ、わからなかったことだらけです」

やす「でも、番組で登場する時の元気よさは、若手の時から変わってないよね〜」

ウド「本当？」

天野「でもね。オープニングでガチャガチャ動くんだけど、15分くらい経ってウドちゃんを見るとグッタリしてる(苦笑)」

飯尾「それが歳ってことか〜」

ウド「昔、『笑っていいとも！』に天野くんと初めて出していただいた時、出演が終わったら、師匠の夢麻呂さんからお電話をいただいて、『お前カッコつけてんじゃないよ！　せっかくチャンスをもらっているのに、もったいない！　もっと元気に頑張れ！』とおっしゃっていただいて。緊張していたのもあるんだけど、おとなしくしちゃったことを反省しましてですね」

天野「その姿勢を30年経っても、ずっとやってんのよ〜」

飯尾「今だったら、『落ち着け！　ベテランなんだから』って言われるかも(笑)　そういえば、ウッチャンナンチャンの内村さんに『オープニングでウドがかかった(突っ走った)場合、どうすればいいですか？』と聞いたら、内村さんは『終わるまで待つ』とアドバイスをくれました(笑)」

天野「さすが、内村さん、その通り。で、飯尾くんはどうなの？　体力とかは？」

飯尾「俺は仕事をしていて感じるんだけど、キャイ〜ンみたいな元気なリアクションがウケるのを見てきたから、何気にそうなってるかもな～。でも、それってキャイ～ンが25～28歳くらいの時代にやってたことなんだけど、俺、今55歳でやってるのよ(笑)」

天野「ハッピーバースデー（笑）　体験しないとわかんないからね」

飯尾「そう。体力もだけど、あの頃にキャイ～ンを見たり、直接聞いたりしたことが、予防注射となって、今まさに効いてるといった感じで。だから、大変なことも切(せつ)ないことも乗り越えられてるね」

天野「悟(さと)ってる(苦笑)。飯尾っちに若手芸人が相談しやすいのは、そういった悟りの境地にいるからじゃない？　もともと人に対して壁がないという性格も相まってさ」

やす「人の懐(ふところ)に入るのがホント上手ですよ、飯尾さんは」

ウド「ド～ンと飛び込みたくなるもの～」

天野「俺なんて、人に自分のことを相談したことないよ」

やす「奥さんにも相談しない？」

天野「あんまりしないかな」

やす「先輩にもない？」

天野「悩んでも、最終的には自分で答えを出す」

飯尾「たしかに、若い頃元気なかった時に、理由を聞いても『こういうことあったんだけど』と『だから、こうしようと思うんだ』がセットだったな」

ウド「マンション買う時も、事後報告だったんですよ〜」

やす「失敗したら、どうやって整理してるんですか？」

天野「失敗しても自分で決めたことだから、自分の中で反省して、自分でなんとかする性分なんだよね」

飯尾「すごいな」

ウド「天野くんはすごいんだよね〜！　もう天野くんにラブラブです〜！　僕が天野くんにラブラブなように、天野くんにラブラブな人たちのサイトが昔あって、僕はそれを知って、さすがみんなの天野くんだ！と思ったのを覚えています！」

天野「それ、僕の入浴シーンばかりを集めたサイトでしょ？（笑）　ウドちゃんはそれを見て、『なんで僕のサイトがないんだ！』って怒ってんの（笑）」

飯尾「いや、ヒデキがすごい大人気の国があるよ」

天野「え？　どこ？」

飯尾「インドネシアのビンタン島（リゾート）。そこのキャラクターがね、も〜う、ヒデキそのものなのよ」

ウド「ワハハハ」

飯尾「その島にはヒデキばっかりがいて、笑うよ」

天野「人気のキャラクターなの？」

飯尾「いや、ビンタン島のシンボルらしい」

天野「ビンタン島に行ったら、みんなが拝んでくるんじゃないの？」

ウド「ワオッ！　じゃあ、みんなでビンタン島に行こう！」

天野「インドネシアだっけ？　今、インドネシアは人口が多くて活気があるんだよね。エンタメもインドネシアでヒットするとハリウッドで売れるのと同じくらいの規模感だって聞いたことがある」

飯尾・ウド・やす「へぇえ」

天野「アジア圏全部でヒットするといっても過言ではないみたい」

飯尾「みんなでビンタン島に行く？　行ってこの書籍のイベントでもする？」

ウド「僕は行きます」

天野「一人で行って、みんなに拝まれて帰ってきたら？」

ウド「ひとり旅かっ！」

飯尾「シンガポールから高速船で1時間だから、わりと行きやすい。行ってきたら？」

ウド「いいね～。でも、ひとり旅でしょ？　ひとりで、キャイ～ン、キャイ～ン、って叫んでんの？」

飯尾「ヒデキの仲間がいっぱいいるから大丈夫(笑)」

「思い出の欽こん館」4人の原風景

ウド「ねえ。この4人が共通の思い出の場所、辿(たど)ってみない？」

天野「だとしたら、やっぱり五反田か、三茶(東京の三軒茶屋)じゃない？　三茶の欽こん

館の舞台は原風景だよ」
飯尾「三軒茶屋は、やっぱり思い出の場所だよね。大将（萩本欽一）の事務所が三軒茶屋にあって、そこのビルのワンフロアでお笑いライブをやってね。お客さんが100人くらい入れるキャパのところで、もうギュウギュウだった。キャイ～ンが単独ライブをやったのも、欽こん館だった。で、照明係をやったのが俺（笑）。その日はキャイ～ンと明治大学の学園祭に行って、帰りにマネージャーの矢島さんから、『飯尾、明日休みだったら照明係やってよ』と言われてやったよね」
天野「そんな大変なスケジュールだったたっけ？　そういえば、ネタもギリギリで、歌を歌ってステージに登場するんだけど、歌詞を覚える時間がなくて、ウドちゃんの背中にカンペを貼って歌ったっけ」
ウド「ワハハ」
やす「俺、それ観に行ってました！」
飯尾「準備に朝方までかかったから家に戻れず、水道で髪の毛を洗って、客席で仮眠した。で、吉野家の朝定食をおごってもらいました」
ウド「ワハハ」
飯尾「キャイ～ンが23～24歳くらいの時？」
天野「そうそう」
飯尾「その10年後くらいかな、やすが『俺も場数を踏まなきゃいけない』ってトークライブをやって。見に行ったら、始まって幕が開いたらひと言もしゃべってないのに、水飲み始めたんだよ」

やす「そしたら会場大爆笑」

天野「それ、袖でやることだよ」

やす「1時間しゃべってお客さんが笑ったの3回だけ」

飯尾「その3回とも水飲むとこなんです」

やす「ハハハハ」

ウド「僕もやすぼんと一緒に水を飲みたかったな〜」

天野「水臭いよな〜」

飯尾「ヒー坊[※2]、こっちに戻ってこい(笑)。でもさ、2人がテレビの仕事がめちゃくちゃ忙しくなって、毎月のライブには出られなくなるって言われて。その時はじめて、やっかみじゃなかったんだけど、自分の遅れに気づいたし、2人はもうここにいないんだって寂しさを覚えてますよ」

やす「俺はその当時、ライブの枠が一つ空いたので、しめしめと思ってました」

ウド「あ〜、枠が空いたからワクワクしてたんだ、やすぼんは」

やす「違うよ、ウドちゃん。しめしめだよ」

ウド「やすぼ〜ん、気づいてよ〜」

飯尾「そんな売れっ子の頃、ヒデキが26歳くらいだった。ヒデキから1回だけ真剣な相談を受けたことがあるよね。電話で、中野新橋のお寿司屋さんに呼び出されて……。着いたらカウンターにひとり、猫背で座っていたわけ。『なんだよ、元気ないな』って声をかけたら、『飯尾さん、実はもうこの世界やめよ

※2、飯尾は天野を「ヒー坊」と呼ぶ。

うと思ってるんです』と。ヒー坊にも初代マネージャーの矢島さんにもまだ話してない。理由は、その日、さんま師匠の特番で自分の才能の限界を知ってしまったからだと。俺もさ、ちょっとしんみりしちゃってさ。俺も頑張るからテレビで共演するまで、ヒー坊と矢島さんに言うのはちょっと待ってくれないかと伝えたんだよね。そしてオンエア当日、ひとりでドキドキしながらその番組を観てみたら、もうドッカンドッカン大爆笑。さんま師匠が、『今日はウドの回やったな～』って言うくらい」

天野「ほほ～」

飯尾「それを観て、すぐに電話したら、『あれ、飯尾さん。どうしたんですか?』って。

電話口からは、きゃっきゃ、きゃっきゃと女の子の楽しそうな声が……。『お前やめるって言ったよな』ってつぶやいたら、『わっ、もう飯尾さんに身を任せます!』と心ここに在らずで、電話を早く切って、きゃっきゃっの世界に戻りたい感じで」

ウド「あの時は、そういう気持ちだったんですよ～」

天野「ウドちゃんはだいたい考えている時間、MAX2日だから」

ウド「アハハハ」

飯尾「あの悩んだ時間、返してくれよ～。しかもさぁ、『やめてどうすんだよ』って聞いたら、『ブラジルに行きます』と。『リオのカーニバルを毎日見て過ごしていきます』って」

天野「リオのカーニバル、毎日なんてやってないから～」

やす「ちなみに、リオのカーニバルは2月の頭に行われます」

飯尾「えっ、番宣？」

初舞台に伝説のエピソード…30年の時を経ても色褪せない思い出

やす「錦糸町の劇場も思い出の場所じゃないですか？」

天野「錦糸町か～！　アムス西武の6階にあったよね。ウドちゃんがさ、前にその話になった時に7階だって言うから、調べたら、6階だったんだよ。そしたら、ウドちゃんが細かいなって。普段はそういうところ、めちゃくちゃ細かいのは、ウドちゃんのほうなのに」

飯尾「あとさ、ヒー坊が会場に着く前にパチンコに行っちゃってさ、当たりまくって遅れてきたことがあったよね？」

天野「そうそう！　あの日、すごい出ちゃってさ」

ウド「焦りましたよ～。開演直前になっても来ないから、『天野くんが具合悪くて遅れます。どうやら風邪を引いちゃったみたいで』と楽屋にいるみんなに伝えたら」

天野「ライブギリギリで、『どうも、みなさ～ん』って元気に登場(笑)」

飯尾「そしたらヒデキが、『お薬が効いたんだね！　元気になってよかった～！』って、

まだ一人芝居を打ってるわけ。あれは笑ったな。あと、俺はライブの帰り道がすごく寂しかったという思い出がある。当時は、俺だけが横須賀線に乗って品川方面、みんなは総武線の新宿方面でホームが違うんだよ」

天野「そうそう」

飯尾「いつまでも俺、みんなといたくてさ、離れられないわけ。じゃあ、新宿まわりで帰ればいいじゃないかって言われても、遠回りになっちゃうからと、グズグズしてた」

天野「居酒屋でそれまで語ったりしてね。つぼ八だっけ？　養老乃滝だっけ？」

ウド「つぼ八ですかね」

天野「そうそう！　キャイ～ンはまだコンビになってなくて、俺は前身のコンビを解消したばかり。ウドちゃんと飯尾っちはピンだっけか？　で、やすは観客？」

やす「観客じゃないね。ライブに出るので1年くらい通った記憶がある」

飯尾「欽こん館に移る時かな」

天野「チャマーズ（飯尾の最初のコンビ）の代議士を遠くから望遠鏡で覗いてるコントだったの。覚えてる？」

飯尾「斬新だったねー」

ウド「社会派でした！」

天野「ネタが若者がやる感じじゃないのよ～。シリアスな2時間ドラマみたいな」

天野「その時のウドちゃんはショートコント」

飯尾「『ウド鈴木のショートコントシリーズ、

始まりました〜！　わぁ〜』って叫び、20分くらいしてやっと終わったかなって思ったら、『続きまして、パート2です』って」

天野「ショートじゃないのかよ(笑)」

ウド「体感としては1分もなかったから、自然に『続きまして』って」

飯尾「袖にスタンバってた俺とヒー坊はずっこけた。同時に『こいつすげえな、ひとりで』と」

天野「ウドちゃん、30分くらいしゃべってんだもの」

ウド「稽古では2〜3分、ステージでは1分の体感だったの」

天野「お前、二度と自分の体感を信じるな(笑)。で、次の出番の俺が刑事コントをやったんだけど、『しかし、前の取り調べ、長かったですね』ってアドリブを言ったら、ドカ〜ンッとウケた」

ウド「それを聞いて、みんな長いと思ってたんだとわかったんですよ〜」

天野「おかげで優勝できました、わたくし」

ウド「おかげでって、おかしいよ(泣)」

飯尾「ヒデキのすごいところは、『キャリアも浅いのに客席を見れるところだ！』って矢島さんが言ってたよ。当時の俺はまったくできなかったな〜」

天野「ホントにそう。俺なんかよりも全然緊張してないし、ずっと正面向いて漫才やってた。でも、今は本番前、『うえーっうえっー』ってえずいて、俺のほうを見て漫才しているよね」

ウド「天野くんは俺の吉方だよ」

飯尾「うえーっうえーってえずきながら、結果を残してきてるもんな～」

天野「返り血も浴びてるけどな～」

一同 爆笑

飯尾「緊張してないのはヒー坊だよね。さっきの話だけど、本番前にパチンコとかできないもの」

天野「昔はパチンコだけど、今はツムツムだよ(笑)。」

やす「俺はツルツル」

天野「じゃあ積めねえじゃねえか(笑)。でも。俺はね、〝緊張しない〟と自分に言い聞かせてる」

飯尾「本当？ 初舞台の時だってオナラしてたじゃん」

ウド「ワハハ」

天野「そういうのがカッコいいと思ってたから。緊張を見せちゃいけない世代なのよ」

ウド「天野くん、普段はまったくだけど、新ネタを下ろす時と単独ライブの時は、本番前にもみあげから汗が流れてる気がする。そういう時は緊張してるんだなって感じるけど」

天野「本当にそうなのよ。だって、キャイ～ンの漫才は俺が忘れたら終わっちゃうから」

飯尾「そうそう。ごくたまにだけど、ヒー坊がキャイ～ンの漫才でセリフが飛ぶ時があって、その時のヒデキが露骨なのよ。ん？ 天野くん？ って(笑)」

ウド「珍しいことがあると驚いちゃう」

天野「そうなの。ウドちゃんがセリフ飛ばしても俺がフォローするからバレないけど、俺が飛んだ時はお客さんにバレるの。なぜなら、ウドちゃんが俺をじーっと見るから（苦笑）」

ウド「フォローできないもの〜。だって、天野くんのセリフ、覚えてないから」

天野「ね？ だから、もみあげから汗が流れるわけ」

飯尾「やすが緊張したことといえば、〝ミス・ヤングマガジン〟のイベント。もうこれは伝説ですよ、マジで。あれはキャイ〜ンのラジオに出させてもらっていた頃だね。ミスヤンマガのグランプリを発表する一大イベントのMCをやらせていただいたんだよね。そしたら、やすが、『進行は俺がやる！』って。『飯尾さんはどんどんボケてくれていいから』って、その言葉が心強くて」

天野「いいね。自由にやって、というやつね」

飯尾「それでオープニングが始まったら進行もスムーズにやっているし、やす、すげえなーって感心したわけ」

ウド「やすぼん、スゴイじゃん！」

飯尾「そうしたら、オープニングの最後で、やすが、『さぁ、みなさん、最後まで楽しんでくださいね！ ラストは、ミスヤンマガの○○ちゃんのグランプリ発表があります！』って名前を出しちゃったわけ」

やす「ワハハハ」

天野「『今年のレコード大賞、大賞の松田聖子さんの歌、楽しみですよね』って、オープニングで言っちゃったようなもんでしょ（苦笑）」

ウド「その時の会場。どうだったの？」

飯尾「俺はとっさに、『まだわからないでしょっ！』って必死に足したけど（笑）」

やす「ワハハハ」

ウド「ナイスフォロー！」

飯尾「当時はさ、やすも尖ったボケしてくんなって感じたんだけど、ボケじゃないと気づいたのは、舞台袖に戻ったら、やすが大きなため息ついてネクタイを緩めた時」

ウド「やすぼんは、自分でいつ気づいたの？」

やす「なんか会場がザワザワしてるな〜。袖でスーツの人たちが慌ててるな。あれ？ 僕、言っちゃった〜？ みたいな」

飯尾「そこから進行が俺になりました」

天野「だろうね（笑）」

やす「そうなるよね（笑）」

飯尾「疲れたよね（笑）」

やす「あの時はオープニングでゲストの人を紹介してて、その流れでグランプリの人の名前までフルネームで言っちゃった」

飯尾「始まる前にスタッフから、思いっきりやっていいですからね！〟って言ってくれたんですけどね。別の意味で思いっきりやっちゃったんだよね」

天野「俺だったら、袖にはけて家に帰ってるよ」

やす「そのイベントの仕事を振ってくれた、ラジオのディレクターの塚田さんが、ひとまわりもふたまわりも痩せちゃった感じに見えました」

飯尾「ただでさえ、痩せてるのに。あの日はまっすぐ家に帰る気にならなくて、それを察知してくれた塚田さんが、『飲みに行こうか？』って言ってくれて、新橋のガード下で飲んだよ。そりゃ〜、飲みましたよ。何に乾杯してよいかわからなかったけど」

ウド「飲みたくなるのもわかるぅ」

飯尾「キャイ〜ンのスケジュールが合わなくて、『ずんでいいんじゃないか』って言ってくれて実現した案件だったのに」

ウド「伝説のエピソードです」

やす「あの後、『僕、またラジオに行ってもいいんですかね？』ってお伺いを立てるようになっちゃいました」

ウド「笑いのネタになってましたよ〜」

天野「俺も爆笑したからね。そして、今こうして20年が経っても笑えるんだから、結果よかったんじゃないの」

飯尾「あの時は、『は〜、時が戻ってこないかな』って、ずっとふたりでため息ついてたっけ。居酒屋を出た後、缶ビールを買って、地元の区役所の石の階段にずっと座ってたな」

天野「冷たかったんだろうね」

飯尾「冷たかったんでしょうね」

ウド「そこ、行きましょう！ 区役所の石の階段のところ」
天野「行ったら、なにかあるの？」
やす「僕の涙の跡があるかもしれない」
飯尾「緩めたネクタイを添えて」

◉天野ひろゆきの章
ウドちゃんとやすと
飯尾っち、時々天野

相方・ウドちゃんとの奇妙な関係

我々4人の関係は同じ事務所にほぼ同じ頃に入所して、ほぼ同期といえば同期だが、それは一般社会における同期とは随分違う気がする。

ほとんど会社には行かず、常に顔を合わせるわけでもなく、各々が個人経営のような、でも顔を合わせれば、幼なじみのような距離感になる。実に稀有な関係だと思う。でも、それが人生において、時に励みになったり、張り合いや癒しの場所になったりする。

では、ウドちゃんと僕の関係はどうだろう？

30年以上ほとんど一緒にいて、しかも仕事で欠かすことのできないパートナー。それがコンビである。

もちろん、ケンカもするし、嫉妬もする。

普段の移動は別々のコンビも多いが、キャイ～ンは新幹線も一緒だ。こんなコンビ

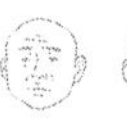

はなかないないと言われるが、こうなったというのが正しいかもしれない。

最初はそうではなかった。ウドちゃんはピンで仕事をやっていたし、お試しに近い感じで始まったコンビである。

しかし、コンビを組んだ最初の頃に一度大喧嘩(おおげんか)をしたことがある。漫才の練習を新宿駅西口のタクシー乗り場でやっていたのだが、毎日顔を合わせ、連日稽古をしているとだんだんお互いにギクシャクしてきて、そのタイミングで、「ウドちゃん、あんまり会わないようにしよう」と告(つ)げた時、ウドちゃんはキレて、僕を背負い投げしたことがあった。

僕の想いとしては、当時はずっと一緒にいすぎて、フリートークも常に一緒にいるから内容がかぶるし、あまりに一緒にいることがこのギクシャクの原因にもなると思って言ったのだが。

ウドちゃんは彼女に振られたような気持ちになったらしく、「どうしてだよ！」と投げてしまったらしい。その時にウドちゃんは、「僕だけの天野くんじゃないんだ」と悟(さと)ったらしいが（最初からそうなのだが）。

ほどなく、お互いの友だちとも遊ぶようになった。たとえば、ウドちゃんはよゐこの濱口くんと僕は有野くんといった感じだ。その流れで移動も別々にと、僕の隣をマネージャーにした時があった。ウドちゃんはたまたまそうなったんだと、最初は我慢していたそうだ。しかし、それが3回続いた時に急に立ち上がり、「お前たち、僕を無視する作戦か！」と言ったのだ。

大の大人が無視する作戦なんてするか！　だいたい何だ、無視する作戦て？　ウドちゃんの真剣な表情と出てきたワードのギャップに思わず笑ってしまった。

その後も何回か喧嘩はしたが、もう今はほとんどしない。それは30年近くいれば相手が根本的にいいやつかどうかはわかっているからである。

瞬間的にカッとなったり、意見が合わなくてもベースにいいやつというのがあるので、それがブレーキになるのだ。

ウドちゃんは自分の信念をよくも悪くも貫く人間である。その信念に対して合う、合わないはあるが、信念そのものに悪がないのだ。

だから今は本人の思いをしっかり聞いてから、自分の思いを伝えるようにしている。まるで獰猛な犬を諭すような気持ちである。30年経って、そんな関係に落ち着いている。

先ほど信念に悪がないといったが、もう一つあるのが、絶対に僕を裏切らないという信頼である。大方の人間は生まれてすぐに親の愛を受けて、自分を守ってくれる人がいる安心感に満たされる。

ウドちゃんには、それがある。たぶん僕に何かあったら身を挺(てい)して助けてくれると思う。その安心感を潜在意識の中で、きっと感じているのだと思う。

それは僕に限らず、ウドちゃんは関わったすべての人に対して、そんな気持ちを持っている人間なのだ。

きっとこれからも意見が合わない時が出てくるかもしれないが、ウドちゃんのほうも僕の意見を尊重してくれているから仲違いすることはないだろう。

よく我々を仲よしコンビにあげてもらうが、趣味もまったく違うし、生活スタイルも同じところは皆無である。それでも仲よく見えるのは、こうした関係性があるからだと思う。

ずん・やすの不死鳥伝説

柔道で九州8位の実力者。本当に強い人は人に対しても優しい。

そんなやすをひと言で言うなら、小さい問題を気にして、大きな問題を気にしない男。

雨の日だと靴が汚れるなとか、合コンであの子あんまり気が利かないなとか、僕にしてはどうでもよいことをしっかり気にする。ただ、人生に関わるような大問題を気にしない。

普段の生活はホットヨガに通い、おしゃれなカフェでダージリンティーを飲んだりして意識高い系女子のような生活をしているのも訳がわからない。

しかし、そんなやすをすごいなと思ったことがある。

それはやすが仕事で大ケガをした時のことである。最初に運ばれた病院では、もう手術しても半身不随だといわれるくらいの状態だった。それでも何かできないかと飯

尾くんが食い下がり、結局東京の大学病院で診てもらうことに。

そこでたまたま、名医の先生がいて神経を傷つけることなく、砕けた骨を取り去り、さらに慢性的にあった腰痛の原因だったヘルニアまで手術してくれたのだ。

手術はうまくいったが、どこまで回復するかは未知数で、リハビリ次第ということだった。最初に我々に電話が来た時も、やすが大変なケガを負い、もしかしたら歩けなくなるかもという報告であった。

一体、やすは今どんな気持ちでいるのか、どんな言葉をかければよいのか。

お見舞いに行く時、不謹慎なのは重々承知だが、僕はポケットにアロンアルファをしのばせていた。

「いつ何時も、芸人は笑いを忘れたらアカン！」

明石家さんまさんの教えである。どんな不幸でも、笑いには救ってくれるデカさがある。

病院に着くと、ベッドに横になったやすがいた。僕は思い切って、

「やす、どうだ？　なんか骨が粉砕骨折と聞いたから、一応アロンアルファだけ持ってきたよ」

と出してみた。やすが少しだけ笑って、

「いい加減にしてよ！」

と言った。僕は涙を堪えながら、

「足りなかったら、もう一つ買ってこようか？」

と言った。

それから数日してやすの足の親指が少し動かせるようになった頃、最初体が動かない時に何を考えたか聞いてみた。

「本当に触っても何の感覚もないから、これはまずいなぁと思ったけど、すぐに俺のこの体で何ができるかなぁと考えた」

と言っていた。

嘘だろ？　もし僕なら正気を保てるかどうかわからない。その運命をすぐに受け入れて、自分に何ができるか考えるってすごすぎるだろ！　自分もそうでありたいが、実際その境地に至れるかは別の話である。

人はどんな境遇に生まれるかは選ぶことができないが、どんな生き方をするかは自分で決められる。常日頃思っていることだが、やすを見て改めてそう思った。

その後、やすが大変なリハビリを続けて、病院の周りを一緒に一周歩いてゴールをした時は抱き合って喜んだ。今でもやすが普通に歩いているのを見ると、すごい男だなぁと思っている。

正義の男　ずん・飯尾くん

飯尾くんは正義の男である。

間違ったことが嫌いで、ズルさとか悪さをとことん嫌う。少しでもそれを感じると近づかないし、気を許さない。もし自分の友だちがそうした行動をしそうになっていたら、有耶無耶（うやむや）にせず必ず忠告をする。これは普通はなかなかできない。人は自分に関係なければ、注意することはエネルギーを使うので巻き込まれないように一定の距離を取る人が多いと思う。しかし、飯尾くんは「それは違うんじゃない」とちゃんと言える人なのだ。

若い頃から苦労していて先輩方から助けられた経験もあるので、「それはよい悪い」が明確に見えているのかもしれない。

こうやって書いていると飯尾くんは堅物と思われる方もいるかもしれないが、まったくそんなことはない。

たとえば40歳近くまで、人の家を泊まり歩くような生活をしていた。たまにうちに泊まりに来ると、「このTシャツ、借りていっていい？」と言って、そのまま着て帰ってしまう。そして今度は僕が飯尾くんの家に行った時、着替えるならTシャツあるよと僕の貸したTシャツを出してくる。そんな人だ。

それといつも不思議に思うのは1歳しか違わないのに、本当に同じ時代を生きてきた人なのかと感じる時がある。芸風もそうだ。

僕らの世代は小さい頃はドリフや欽ちゃんを見て、漫才ブームではたけしさん、さんまさんを見て、青春時代にはとんねるずさん、ウッチャンナンチャンさん、ダウンタウンさんを見て育ってきた。

それなのに飯尾くんの芸はどこにそのルーツがあるのかわからない。一番近いのは関根勤さんだと思うのだが、それとも違う独自の視点を感じる。それはデビュー当時からあまり若手が選ばない設定のコントをやっていたし、とにかく動きが肩幅から出

ない地味な動きで、ギャグをやっても目立つ感じの人間ではなかった。関根勤さんはそんな飯尾くんを「見える透明人間」と呼んでいたくらいだ。でも、なんか気になるし、いじりたくなる存在ではあった。

東京生まれ、東京育ち、感じのいい奴は大体友達といったノリで、とにかく先輩からも後輩からも、悪いことを一度も聞いたことがない。それだけ人に対するアプローチが柔らかいのだと思う。

『笑っていいとも！』の名物コーナーで関根勤さんが素人さんの一芸を紹介するコーナーがあり、その時に登場した人を勝手にひと言を添えて紹介していたのだが、関根さんは言われた人が嫌な気持ちにならないことに最大限気を配っていた。そしてそのコーナー司会をする後継者を見つけようとした二代目関根勤選手権という企画で、飯尾くんも同じく相手に対して嫌悪感を持たれないひと言で見事にそのコーナーを務め上げていた。

関根さんも飯尾くんも、コンプライアンスが厳しいから変化させたのではなく、元々そういう人なのだ。だからこそ、今の時代に受け入れられているのだと思う。

被らないから敵とみなされないし、元々人のテリトリーを侵(おか)さないから一緒にいて嫌な気持ちにさせない。それでいて振った時には、必ず何かやってくれる。

司会をする者からみて、こんなに心強い人はいない。ある時、ハズしても死ぬわけじゃないと腹をくくって何でもいいから答えるようにしたらしいのだが、これがなかなかできない。特に浮かんでない時はすべりたくないから黙ってしまう人もいる。司会側としたらそれが一番困るので、何でもいいから反応がほしいのだ。

正義感があり、時代とマッチし腹をくくっている。だから飯尾くんは売れているのだ。

お笑いという仕事

気がつけば、54歳。本当にそんな感じだ。

小さい頃からテレビが大好きで、とにかく朝から晩までテレビを見ていた。母は内職をしていたので、テレビに対してあまりうるさく言われたことはなかった。特に見ていたのは、アニメと歌番組、あとは欽ちゃんだった。

アニメはガンダム以前の巨大ロボットものをよく見ていた。マジンガーZ、ライディーン、ザンボット3、ボルテスV、コン・バトラーVなど。それとコメディーの要素も入ったタイムボカンシリーズを好んで見ていた。クリスマスのサンタのプレゼントにコン・バトラーVの合体ロボットを頼んだのに、足のロボットだけ枕元に置いてあったのは、今となってはよい思い出である。

歌番組といえば、ザ・ベストテン、歌のトップテンといったランキング番組、アイドル全盛時代である。その中に急に演歌やフォークなどのニューミュージックが入ってきたりしていた。

今は自分の好きなジャンルの音楽をサブスクで聴く流れだが、この頃は他ジャンルの曲を否応なしに聴かされているのだ。でも、これがよい。演歌もじっくり聴いているると、そのよさがわかってくる。かくいう私も小学生の頃、帰り道で「3年目の浮気」を口ずさんでいた。ネットの世界になって、選択肢が一見増えているように思うが、実は巧みにコントロールされていて、自分の可能性が狭められている部分もあるかもしれない。今、流行っているものはこれですよ、あなたの好きなものはこれですよと提示されることは無駄や失敗が少なくなり、一見便利なように見えるが、実は他への可能性を削っているかもしれない。人生には無駄や失敗も必要なのだ。

少し話は逸れたが、何が言いたいかと言うと、振り返ってみれば長い日本の歴史の中でも平和で娯楽もあって、かなり楽しい時代を生きてこれたんじゃないかと思うのだ（これからどうなるかはわからないけど）。

異常気象やエネルギーの問題など地球が抱えている問題を挙げればキリがないが、もしかしたら人類の叡智がそれを乗り越えるかもしれないし、人類が生み出したＡＩがそれを解決してくれるかもしれない。そんなことを考えると、今こそが人類の大きな転換期にいるのかもしれないなんて考えたりするのだ。

ただ、どんな未来になったとしても笑いだけはなくならないと断言できる。笑いにはそれだけの度量の深さがある。笑いという感情は人を好きになる愛という感情と一緒だ。誰からも教えられてないのに、自然に身についている。

愛がない人生や笑いがない人生ほどつらいことはない。今は亡き、十八代目中村勘三郎さんに言われたことがある。

「天野くん、僕は入院している時にテレビで君の相方に随分笑わせてもらったんだ。よろしくお伝えください」と。

僕は自分が褒められたくらい嬉しくて誇らしかった。人が大変な時にしばしそのことを忘れさせ、笑わせる。こんな幸せなことを仕事にできていることに、改めて感謝した瞬間であった。

おそらく近い将来、『スター・ウォーズ』のR2−D2とC−3POのようなロボットコンビも出てくるかもしれない。きっと無駄のない最高の間で完璧な会話や漫才をするかもしれない。無茶振りにも、すぐに答えられるかもしれないが、無駄の中や無茶振りで追い込まれた向こう側に笑いは生まれたりするのだ。

よく世界の笑いと日本の笑いを比べる人がいる。

それって、フランス料理と日本料理、どっちが上か比べるようなもので、どっちも美味しいでいいんじゃないかと思う。

あと、笑わせることと笑われることの違いを語る人がいる。

リアクション芸なんかだと、「あれは笑わせてるんじゃなくて、笑われているんだ」と言っている人がいるが、この違いも僕はまったく気にならない。

笑っている側はそんなことをほとんど気にしてないからだ。

熱湯風呂に入って、笑いが起きる。

大喜利でフリップを出して笑いが起きる。

そこに笑いが生まれれば僕ならどちらも気持ちがいい。

そこに大差は感じない。

その場に笑いが生まれること自体が好きだからだ。

「今日も笑わせたなぁ〜」と、「今日も笑われたなぁ〜」は、笑いを生んだということでは同じである。

毎度の仕事で、このどちらかを言えたら僕は幸せだ。

50歳を過ぎて思うこと

今まではやりたいことをやってきたが、「そこにやり残したことはないか?」という感覚が芽生えてきた。

子どもの頃はとにかくすべてが初体験で、恐れと好奇心が入り混ざった中で、自分のやりたいことを見つけてきた。

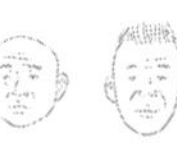

20歳ぐらいになると、とにかくアルバイトをいろいろした。学校以外で大人と知り合うことでさまざまなことを学んだ。何よりもその仕事を体験することが面白く、料理はその頃のバイトからずっと続けている、僕の大切な趣味の一つである。さらにそこで稼いだお金で子どもの頃にできなかったができるようになり、やりたいことの幅がグッと広がった。

そのように過ごしていく中で、やれることが増え、その中から自分の好きなこと、本当にやりたいことがだんだん見えてきた。

そして50歳になり、今まではとにかく自分のやりたいことを考えて過ごしてきていたのだが、そこにふっと自分のやり残したことはないのかという感覚が入ってくるのだ。周りの人間が病気をしたり、楽屋でも健康の話が多くなり、命は有限であるということを実感してくるのだ。

たとえば人生で一度はやってみたいこととして、フルマラソンや富士登山が挙げられたりするが、それもあと少ししたら体力的に無理になってしまうかもという、やりたいと思ってもできない状況が生まれてくるのだ。

実行に移せる人は単純にすごいなぁと思う。こうした話をすると、やりたいことがあっても、その経済力や余裕がないという人もいるかもしれないが、僕の考えだとそういう人は余裕があってもしないと思う。やる人はやるのだ。

そこで改めて50歳。何かを始めるにはギリギリのラインのような気がする。たとえば、今までやってきた仕事の中でこれだけはやっておきたいことなんかも見えてくる歳だろうし、人生の中でやっておきたいことも見えてくる歳だ。

急に思い立って田舎暮らしを始めて、土をいじってみたり、古民家を改装してカフェを始めたり、会社を辞めてラーメン屋さんを始めたり、自分の人生を俯瞰(ふかん)で捉(とら)え、振り返った時、悔いなく楽しい人生だったと思えるかどうかは、ここから決まるような気もする。

そう考えるようになって、今までやってこなかったことにトライしたことがある。それが講演会だ。

今までも、中学校、高校からの依頼はあった。ただその時は人に語れるような人生ではないと考えていた。でも、これだけ長く芸能生活を続けていると、「実は天野さんを見て社交ダンスを始めたんです」とか、「以前出したツッコミの本、読んでます」とか「YouTubeの天野めしを見て、料理を始めました」とかを聞くことがあって、

その都度自分はテレビに出ることで少なからず人に影響を与えているんだと感じていた。

そんな時に地元の岡崎市立翔南中学の校長先生から、ぜひ講演をしてほしいとのお手紙をいただき、やってみることにした。

僕にとっては50歳を過ぎての新たな挑戦である。ライブや営業とも違う、独特の緊張感がある。しかも相手は中学生。親子以上に歳が離れている。ちゃんと話を聞いてくれるだろうか？

テーマは夢について。人に話すということは、自分で自分の人生を振り返らなければならない。この仕事を引き受けなければ、こんなに真剣に自分の人生を振り返ることもなかっただろう。

生徒と同じ歳くらいの時の自分の話をした。尾崎豊を毎日聴いて、卒業の意味を考え過ぎて高校の卒業式に出なかった話や、みんなが進学する地元の高校に進むのが決められたレールのようで何か嫌になり、遠くの高校を選んだ話をした。

みんな、真剣に話を聞いてくれていた。今までの選択のすべてが正しかったとは思っていないが、その時の自分の頭で真剣に考えて、自分が選んだ道であるのは確かだ。

それとみんなが驚いていたのは、僕が小さい頃から夢を持っていたわけではないという話だ。漠然とみんなと同じは嫌だなぁというのと、テレビが大好きだというぐらいで、具体的に何かになりたいという夢があったわけではなかったのだ。

野球の大谷選手やサッカーの本田選手は、小さい頃から文集にも明確な夢や目標を書いていた。しかも、それを実現させている。本当にすごいことだ!! もちろんその道のりは簡単なものではないし、たゆまぬ努力と多くのものを犠牲にして辿(たど)り着いているのだろう。でも、元を辿れば、〝好き〟ということに尽きる。

好きだというものが今はなくても常にどこかで探している感覚は持っておいたほうがいい。漠然と生きていると好きに気づかない。好きなものが見つからない人は、そもそも見つけようとしていないのかもしれない。

僕の場合はずっとはっきりとした目標があったわけではなく、初舞台のお笑いライブでお客さんが自分のネタで笑った時、明確な夢となり仕事となった。

講演を聞いた生徒が感想を書いて、それをまとめたものを送ってくれた。みんなそれぞれ気になったポイントが違ったりして面白かった。中には県外の高校を受けることに決めましたという生徒も。

人生の中のわずか1時間半という時間で、聞いてくれた人の心に、何かを芽生えさせることができたのかもしれないが、結局、彼らからの感想を読んでいるうちに僕が奮い立たされていた。

50歳にして初めてのことをやってみる。知らない間に自分はこうだと決めて、戦うことをやめてしまっていた自分に喝(かつ)を入れ、改めてこの50歳からの人生を送りたいと思っている。

3人をもてなすなら、このメニュー ～天野シェフのお手軽キッチン

3人をもてなすとしたら、いったい3人に何を作ろうか?

まずはウドちゃん、これは生姜焼きに決定!

ウドちゃんはメニューを迷わない。

いつも即決。定食屋さんでは必ず生姜焼きだ!

■ウドちゃんのための生姜焼き

【材料】

豚こま肉・1パック、玉ねぎ・1／2玉（お好みで）、すき焼きのタレ・大さじ4、おろししょうが・大さじ1・5、塩・適量、こしょう・適量、キャベツ（付け合せ）・1／8玉

【作り方】

①豚こま肉と玉ねぎを炒める。塩、こしょうを加える

②すき焼きのタレとおろししょうがを混ぜたタレを加える

参考動画
キャイ～ンのティアチャンネル

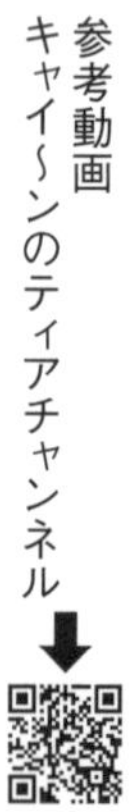

やすには何を食べさせるか？　うーむ、これは難しい。

そもそも俺はやすのパーソナルな部分をほとんど知らない。だいたい彼は何が好きなんだ。あ、そういえばこの本でボケが浮かばない時は好きな食べ物を叫ぶんだって言ってたが、「ホタテ～!!」って言ってたなぁ。じゃあ、ホタテ丼だ！

■やすのためのホタテ丼

【材料】
ホタテ、フライドオニオン、めかぶ、めんつゆ、わさび

【作り方】
①ごはんをどんぶりによそう
②めかぶ、ホタテを盛り付けてフライドオニオン

をまぶして、最後にめんつゆを適量たらす

飯尾くんには何がいいだろうか?

飯尾くんはウドちゃんとは真逆でとにかく迷う。たぶんメニュー選びはどんなメンバーで行っても一番遅い。早めに頼んでも、他の人が別のメニューを頼むとそっちが気になり、「俺もそれにしようかな」と始まる。結局、いつも一番最後。

それだけで終わればよいが、他の人のメニューが届いてそれを見ると、「俺もそれにすればよかった〜」と始まる。だからいつも完全に満足顔で食事を終えたところを見たことがない。

さらに驚くのはこんなに食にこだわるのに、熱々が苦手で鉄板料理が食べられない。レストランの鉄板に載ったハンバーグも、「すみません、鉄板じゃなくて、お皿でお願いできますか?」って。そんなことは彼以外聞いたことがない!!

今回もてなしメニューを作るにあたって、改めて好きな食べ物を聞くと、「カレーライスと豚カツで、理想はカツカレーです」と返ってきた。一瞬、鉄板カツカレーにしようと思ったが、カツカレーにしておこう。

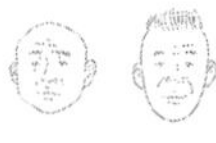

■飯尾っちのためのカツカレー

【材料】

豚ロース・1枚、玉ねぎ（中）・1個、カレールー（欧風）・1片、バター・1片、水・200㎖、まいたけ・50g、コショウ・少々、小麦粉・200g、パン粉・100g、卵・2個、水・50㎖、サラダ油・適量、おろししょうが・小さじ1、おろしニンニク・小さじ1

【作り方】

◎カレー

①玉ねぎをみじん切りして、バターをのっけてレンジでチン

②お鍋にチンした玉ねぎ、しょうがとニ

参考動画
キャイ～ンのティアチャンネル
⬇

ンニク入れ、まいたけを加えて炒める

③水200gを加えて、欧風のルーを入れて煮込む

◎豚カツ

①豚ロースに塩こしょうで下味をつける

②小麦粉と卵を混ぜたバッター液に豚ロースを入れて、その後パン粉をつける

③油で揚げる

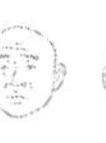

ドライブ、お城、ラーメンを満喫！

福島・会津の旅

福島よいとこ、一度はおいで〜♪会津磐梯山、磐梯熱海温泉、鶴ヶ城から白虎隊記念館。福島は自然豊かで美味しいものもいっぱい。名物は盛りだくさん、でもラーメンは必須！　とにかくすべて回ったら時間が足りないと悩む４人。今回は、新幹線で郡山から入って、車で会津へイン。スパリゾートハワイアンズも行きたかったけれど、それは次回にしようと未来へつなぐ。早ぐ、あいばんしょ！

START

福島から出発

運転は、天野が担当。天野「運転は好きだから、なんだったら帰りも東京まで運転していってもいいよ（笑）」。後部座席で、おせんべいやチョコレートを食べるやす、ウド、飯尾。

4人でドライブなんて、はじめてね〜

天気も快晴で、気分もサイコー！

会津城（鶴ヶ城）到着

「天守閣へ入るチケット代は、そうだ、支払いはジャンケンで決めよう！」。最初はグー、ジャンケンっポン。天野の負けで、天野の支払いとなる。ここから支払いが生じる場合は、ジャンケンで負けた人が支払うという流れがスタート。

パンパンっ！「みんなが健康で、世界が平和でありますように」

鶴ヶ島城内の神社にて、健康と平和の御祈願。

会津若松のシンボルである鶴ヶ城を見たい！と向かった4人。天守閣からの景色は、ぐるりと市内が一望できて絶景なり。天野は、「このお城が燃えている、と思って白虎隊は散っていったんだよなー」と目を潤ませる。

戊辰戦争で新政府軍の約１カ月におよぶ猛攻に耐え、難攻不落の名城として知られる鶴ヶ城。中には石垣があったり、歴代の城主の歴史も垣間見られる。入場料大人520円（×４＝天野持ち）。

天守閣の展望台にてはいチ〜ズ！

白虎隊の石段に移動

天野「ウドちゃん、なんか会津に合う音楽かけてよ」と言われて、かけたのは…。「エイヤーァ～、会津磐梯山はぁ～、宝ぁの山よ～♪」。ウド「エンヤー～♪」。飯尾「エンヤじゃない、エイヤーでしょう？」。やす「すごいハリのある声ですね」。ウド「大塚文雄先生です。すごい声ですね～。エンヤ～♪」と歌いながら、観光マップを見る後部シート。

白虎隊が自決した場所まで上がる石段は、およそ200段ある。飯尾「たくさんあるな。ちょっと息切れしちゃうんじゃない？」。天野「お腹が空くから、ラーメンが美味しいんじゃないの～」

福島県会津若松市の縁起物「起き上がり小法師」

白虎隊飯盛山

会津城の落城をここから見ていたのか…（悲）

会津の歴史である「白虎隊」。戊辰戦争の時に結成された少年軍隊だが、自刃という悲惨な最期を迎えた。その悲話は今も語り継がれている。白虎隊が勘違いしてしまった"燃えている鶴ヶ城"。「城が、城が燃えている……、って勘違いしなければ……」。かわいそうだなと、しんみりと眺める４人。

天野がチェックしていた『坂内食堂』はお休みだったので、歩いて歩いて〜。たまたま通りすがった音楽酒場の前で出会ったてっしーさんから、「今から食べられる喜多方ラーメン、ありますよ」と教えてもらったのが、『すがい食堂』。飯尾「どうも、すがいきんです」。やす「いやいやいや（笑）」。天野「執念で探した喜多方ラーメンだけど、うっまっ！」。喜多方といえばしょう油ラーメン。ウド「塩ラーメンください」。全員「しょう油じゃないんかーい」。でも、塩も絶品。

絶品！喜多方ラーメンに舌鼓

スープは豚骨ベースに煮干しを感じる優しいスープ。『すがい』の名物、もつ煮と餃子も注文。すべてセットにしたら、たくさん出てきちゃった！けど、ペロリでした。

喜多方ラーメンが食べたい！と福島へ来たけれど、ほとんどのお店が店じまい。絶対に探すぞ、の意気込みで歩いていると、地元民オススメの『すがい』にたどり着く。

恒例のじゃんけんの結果、お支払いはやすに。

やす「喜多方にキタカッタ!」
天野「お前とは来たくなかった(笑)」

鶴ヶ城や白虎隊記念館を観光しているうちに早くも夕方近く。白虎隊記念館のお土産屋さんの店員さんから、「喜多方ラーメンを食べるなら早く行かないと閉まっちゃうよ」とアドバイスを受けて、急いでラーメン屋さんが密集する喜多方市へ。

GOAL

「楽しかったし、美味しかった！」
「福島。ありがとない！」

本場の喜多方ラーメンと美味しい魚とうまい酒を求めて4人は福島へ旅行。コンビをシャッフルした2人での旅行は過去にあったけれども、コンビ2組フルメンバーでの旅行ははじめて！　会津で喜多方ラーメンを食べ、白虎隊の歴史を見て、地元の食材を食べる。冬に入りたての寒くなった秋に決行しました。

早めに駅に着いたやすと飯尾は、郡山の駅周辺をプラプラ。やすは事前に調べておいた美味しいお店にひとりで行ってみたが、どこも満席で入れず。その2時間半前に到着していたウドが繁華街を歩いてお店を探し、仕事終わりで向かった天野を待って、会津料理が堪能できる居酒屋さんにて福島ツアーは始まりました。

当日朝のゴルフでベストスコアを叩き出したやす

飯尾「歩いて探したなんて、まるで昭和の刑事さんだね（笑）」

天野「ロケ先で美味しいお店を探すには、やっぱり足だよな」

ウド「いいお店がいっぱいあったんだけど、どこもいっぱいだったんですよ〜。10軒くらい当たりました」

やす「ちょっと先に来て、一杯やってました」

天野「やす、お前、探してないのかよ！　俺が最後か。仕事で遅くなっちゃってごめんね。お腹空いたね。会津名物を食べよう！　馬刺しあります？　2人前？」

ウド「2人前くらいあったほうがいいですね」

天野「♬馬刺し、バカよね〜♪」

ウド「♬おバカさんよね〜♪」

やす「これがホントの細川ばさし」

飯尾「今週、第8位でした！　次回はスタジオでお待ちしております」

天野「長いよ。注文しようぜ」

飯尾「ヒー坊が仕掛けたんだろ」

天野「じゃあ、馬刺しと馬刺しと、あ、これもいいじゃん。馬刺し」

ウド「♬馬刺しばっかよね〜。頼んじゃうのよね〜♪」

やす「……」（地酒を口に含もうとする）

飯尾・天野・ウド「おい、やす！　飲んでる場合じゃないよ」

飯尾「細川ばさし、どうしたんだよ！　ばさしって言わないと、今週の第8位！って言えないじゃないか」

やす「また今度ね」

飯尾「今度は二度と来ないよ。腹減ったから注文しようよ」

天野「とりあえず、刺身と馬刺しと、串焼きが美味しそうだから、このお店の美味しいものってなんだろ？」

やす「メヒカリって書いてある。メヒカリって深海魚でしたっけ？」

飯尾「メヒカリって、愛知県の知多でよく獲れるお魚でしょ？　番組のロケで食べたことがあるんだけど、美味しかったね〜。あと、その時に食べた、とれたての平貝、うまかったねー」

天野「スライスされたやつでしょう？　すごくうまかった！」

ウド「あの時の知多半島の飯尾さんと僕とのロケで出会った親子の方の名前が、『天野さん！』。お父さんが娘さんを歯医者さんに連れて行くっていう時でさぁ、そういえば、あの時の娘さんがご結婚されてお幸せです～！」

飯尾「えっ、結婚したって、なんで知ってるの？」

ウド「はい、あれから幾歳月、ある時、天野さんの娘さんが結婚されましたって、スタッフさんから聞きまして」

天野「天野という姓は、愛知県には多いのよ」

飯尾「ヒー坊は根っからの愛知県人なの？」

天野「うちの母は元々は酒井姓だから。もしかしたら酒井忠次（主君徳川家康の前半生を支え、徳川の平和に貢献した第一の重臣）の流れがあるかもね。俺は、天野康景（徳川家康を支え続けた武将で、「三河三奉行」と称されたひとり）も好きなんだけど、むしろ天野姓だから、そっちがうちの家系と関係あるんじゃないかって想像してる」

ウド「関係あるんじゃない？」

天野「そこ、別に忖度（そんたく）しなくていいよ（苦笑）」

飯尾「飯尾って苗字は、家系をたどると鹿児島県なんだって」
天野「そうなの？ 出身は東京なのに？」
やす「……」（地酒を口に含む）
飯尾「ゴルゴ松本さんが『飯尾』で調べてくれて、なんとルーツを辿ったら、鹿児島県だとか」
天野「へえー」（感心する天野）
店員「イカにんじん、お待たせしましたー」
やす「おー、来た来た、待ってました。イカにんじん」（大興奮）
天野「お前、相方のルーツの話に興味持てよ！」
ウド「天野くん！ だって、しょうがないじゃな〜い。イカにんじん、来ちゃったんだから。ねっ、やすぼん」

天野「全然しょうがなくねーよ」
ウド「もう、天野く〜ん！ んっんん〜ん♪（ご陽気な様子で小刻みなリズムに乗せて、天野のやわらかい二の腕をつねり中）。イカにんじんといえば、福島の郷土料理！ あの〜、さんちゃん（三瓶）と一緒に出た福島のイベントで、イカにんじんを紹介してたよね〜」
天野「三瓶、福島出身だもんなー」
やす「俺は宮崎出身だけどねー」
飯尾「関係ねーだろ」
やす「ワハハハ」
天野「うわぁ！ イカにんじん、うめぇ。にんじんの生の食感とスルメのような柔らかさ。最高だね」

やす「たしかに好きな味だなぁ。あとはイカ同文」

飯尾「たしかに嫌いなダジャレだな」

やす「アハハハ」

ウド「まっ、いっか(真イカ)」

天野「よくねぇんだよ。ところでさ、最近はどこのレストランもQRコードで注文するだろ。これ、なかなか慣れないんだよ。たくさん連打しちゃったから、どうするこれ、イワナが10匹くらいきちゃうかもしれないけど、いいかな(苦笑)。あれっ、やす、眠いの?」

やす「眠いというか、ちょっとウトウトしてました」

天野「それが、眠いっていうんだよ」

飯尾「今日だって、関根勤さんとゴルフに行ってから、こっちに向かったんでしょう? 最高の一日じゃなーい。それをウトウトしてんじゃないよ」

やす「ハハハハ(笑)」

ウド「どうも、ウトウト、ウトウト、ウト鈴木です」

天野「ゴルフ終わりから福島までか～。で、スコアはどうだったの?」

やす「いつも関根さんに連れて行ってもらってる浜野ゴルフクラブでのベストスコア出ましたー!」

飯尾「すごいじゃないの。パー、6つくらい?」

やす「4つ」

飯尾「だとすると、スコアは87くらい?」

やす「89です」
天野「えーっ！　89？　90、切ってんだ！んでもって、関根さんはどうだったの？」
やす「86でした」
天野「あぶねっ！　成績、迫っちゃってんじゃないのー。やすって、そういうのまったく気にしない感じだよな！」
やす「ハハハハ（笑）」
飯尾「ヒデキも俺も朝早いのが苦手だけど、ゴルフの朝はパッと起きられるよね」
店員「お待たせしましたー」
飯尾「俺がしゃべり出すと、店員さんが来るなぁ」
店員「ご注文のお刺身の盛り合わせ、5人前です。こちらから、炙（あぶ）りサーモン、あかイカ、真鯛、スズキの昆布締めです。スズキの昆布締めはお塩で食べてください」
ウド「僕も昆布で締めてもらっていいですか？」
飯尾「おたくは酢で締めてもらえよ」
ウド「しみるじゃな～い！　あはははは～」

QRコードでメニューを注文する〝マニュアルが欲しい〟

天野「QRコードって注文するたびにいちいち読み取らないといけないのかな？　おじさんにはわからないよなー、これ（苦笑）。何かいい方法はないのかね？」
飯尾「これ何回、読み取ってるんだよ、っていうくらい読み取っちゃうよね」

ウド「やすぼんはすごいよ。すんなり飲み物を注文してる。あれ、もしかしてやすぼんは、QRコードの虎の巻でも持ってるのかしら?」

やす「ウドちゃん。持ってないよ」

天野「真面目か!」

ウド（口をあんぐり）

飯尾（ウドに詫びる）

ウド「焼鳥うまいなぁ〜」

やす「この揚げ出し豆腐も美味しいよ」

ウド「あはっ。やっぱり会津料理は美味しいね〜」

天野「ウドちゃん、その2つは会津料理じゃないから」

やす「えっそうなの? ちゃんと合図(あいず)してよ」

飯尾「ダジャレで家を建てようとしてる? ところで、やすは最近の結婚観、どんな感じなの?」

やす「急に?」

ウド「やすぼんはモテるからね」

飯尾「人なつこい性格だから、人が集まってくるのはわかる。でも、本当にモテる人を、俺らは見てるじゃない。だから、やすはモテるうちに入らないよ」

ウド「飯尾さんだってモテるじゃない。あはっ」

飯尾「モテないよ! だってヒデキ、笑ってるじゃん。みんなも見てるでしょう? さんま師匠とか。あれが本当にモテるということだよ」
天野「ウドちゃんは本当にモテないよな。30年間一緒にいるけど、本当にモテない」
ウド「あはっ」
飯尾「ヒデキはさ、告白するとすぐに返事がほしくて、相手が考える時間がほしいというその時間が待てなくて、すぐ気持ちの整理をしちゃってたねー。その後に、女の子が考えた結果、振り向いてくれても、自分自身で勝手に振られちゃったと決め込んじゃってる」
天野「ウドちゃん、鏡で自分の顔、見たことある?」
ウド「東京に来てから一回も見てないかな〜。でも、鏡が僕のことを見てるのかな〜?」

天野「うるせーよ」
やす「僕は2時間おきに見てますけど」
飯尾「うるせー、穀物! ヒデキはそういう感じだったから、結婚が一番遅いと思ったのに、一番早く結婚したよな」
ウド「だって運動もできないし、頭も悪いし、自分にはいいところがない。もの好きな人がいてよかったな〜」
やす「ウドちゃんはいいとこしかないけど」
ウド「やすぼんもいいところだらけだよ〜ん」
飯尾「じゃあ、お互い、いいところを2つずつを言ってみてよ」
やす「……」
ウド「……」

飯尾「ねえんじぇねーか」

やす「そういうのはニュアンスだから。言葉にしたら野暮だよ。そんなことより、俺のイカにんじんはどこ?」

天野「うるせー、イモにんげん!」

やす「ハハハハハ」

飯尾「で、ヒー坊はなんで今の奥さんと結婚したの?」

天野「俺が屁をしたら大笑いしてくれたから。今となってはまったく笑ってくれない」

飯尾「それ、わかる。俺なんて、嫁から吸い込み直せ! って怒られたんだよ」

ウド「いいよね〜!」

飯尾「いいよねー、じゃないよ(苦笑)。なんかさ、ヒデキは好きなことには、わーっと瞬間湯沸かし器のように盛り上がるんだけど、どこかでブレーキかけるんだよね。それは女性に対してというだけではなく、趣味とか遊びとか、がっつかないよね。奥ゆかしいというか、品があるというか」

ウド「品がある! それは嬉しい。かつてお世話になった人に、ウドは裸になっても品があるって言われたことがあるんですよ。よく、白イルカみたいだなぁと言われます。同じ空気感でいうと、井手らっきょさんも品がありますね〜って、その人は話してました」

飯尾「たしかに、らっきょさんも品があるよねぇ」

天野「ダビデ像と同じくらい品があるよね」

ウド「ダヴィンチも彫りたかっただろうね

〜」

やす「ウドちゃん、ダヴィンチっていうんだ？　僕はレオナルドって呼んでるけど」

天野「2人とも！　ダビデ像を造ったのはミケランジェロだから」

ウド・やす「わ〜っ」

天野「俺、ちょっとトイレ行ってくるわ。ってさあ、今回は、この書籍が出版されたらバンバン本屋さんに行って、サイン会はどお？」

飯尾「やってみようよ。俺なんか前に本を出した時、サイン会当日に天気が荒れちゃって、予定数の3分の1の方しか来れなかったんだけど、SNSにあげてくれて、翌日には奇跡の完売&追加発注だよ！　やれば楽しいんだから」

天野「やろうよ。ウドちゃん！　やすも参加して」

やす「えっ、なにに？」

天野「お前、なんにも聞いてなかったんだな…」

やす「そんなことより、俺のイカにんじんは？」

芸人の先輩との会席は貴重
今は少なくなってしまった

天野「(ビート)たけしさんと会った時は忘れられないよね。ダントツのインパクトですよ」

ウド「天野くんは幼少から影響を受けている

からね。我々が若い頃、島田洋七師匠が朝日生命ホールで、相方の島田洋八師匠をはじめ、いろいろな人と漫才をなさるという公演があって、その公演のトップバッターで、浅草キッドさんが漫才を披露するということだったんだけど、キッドさんがお仕事でどうしても遅れてしまうということになり、公演の何日か前に、洋七師匠から「キャイ～ン、もしよかったら出てくれないか？」というオファーをいただいたんだよね～！　僕らの出る時には、まだたけしさんはいらっしゃらなかったんだけど、高田先生は見てくださって。で、その打ち上げの席で、高田先生が『キャイ～ンっていうコンビを、たけしさんにぜひ見てもらいたい』と、その場で漫才をやらせていただいたんですよね～。あの時、天野くんが泣きながら漫才をやったのが忘れられませんね」

天野「泣きながら漫才をやったのなんてはじめてだよ。だって、たけしさんを目の前にして漫才やれたんだから、感極まっちゃってさー」

飯尾「それ、23歳くらいの時？」

天野「そのくらいだった。しかも最後に、『お前ら、頑張れよ』って声をかけてくださって」

ウド「高田先生に感謝です！　あの場所で披露しなさいっておっしゃってくださらなかったら、あの、天野くんのほとばしる感動を見ることはできなかった」

やす「緊張した？」

天野「それがねー、緊張しないのよ。緊張より、見てもらえるという喜びが勝っちゃった」

ウド「まあ、いつもより気合いが入って、天野くんのツッコミがちょっと痛かったかな？」

天野「あはは。それで漫才を終えたあとに、殿がひと言。『今の時代の人が今の笑いを作る、それが漫才だ。頑張れよ。俺たち世代が理解できないくらいの新しい形を見つけていかないとな』って、たけしさんからアドバイスをいただいたんだよ」

やす「23歳でたけしさんの前で漫才でしょう？　自分がたけしさんに会えたのは、キャイ～ンのそこから18年後だよ。20代前半で、その精神力がすばらしいですね」

天野「その年齢でないと、むしろできなかったのかもしれない」

飯尾「いや、俺だったらできなかったよー。いきなりスイッチを入れるのって難しいしね。でも、たけしさんを好きな気持ちが勝ったんだね」

天野「いずれにせよ、ひょんなところでたけしさんに見てもらえたのはありがたい。今はそんな先輩との飲み会の席が少なくなっているからさ。そういうのが貴重だよね」

飯尾「そんな中、鶴瓶師匠の『無学』（落語の六代目笑福亭松鶴師匠の自宅を笑福亭鶴瓶が買い取って作った寄席小屋）に、こないだ呼んでいただいたんだけど、舞台で鶴瓶師匠と2人っきりで1時間半、終わって食べて呑みながら3時間もお話しができて、心底お笑い、やめないでよかったと感じたなー」

天野「鶴瓶師匠はすごいよね。呼んでくれて、しかもネタも披露できて、お話までできちゃって。古民家を改造して、50人ほどしか入れない小屋もいい雰囲気でさ」

飯尾「師匠のマネージャーさんと駅からタクシーで向かったんだけど、タクシーの運転手さんに、『柳の角を左』って伝えたら、本当に風情のある柳が目の前に現れて。感動して身震いしたよ(笑)」

やす「ライブをずっと続けているのがすごいです」

ウド「若かりし頃、新大阪駅で鶴瓶師匠にバッタリ会ったことがあります。『おう〜、ウド！　もし泊まりだったら、あとでハリハリ鍋行こうや！』って。学生時代の親友とのご飯会だったみたいで、そこに参加させてもらいました。食事後は、『どこに行きたいんや！』って言うから、『どこかスナックに』とつぶやくと、ポチ袋をこっそり渡されまして。『俺はええから、ウド行ってこい。俺は友だちと話したいことがあるから』って」

飯尾「すごいね〜。粋(いき)だね〜」

やす「いなせだね…。ところで、いなせってどういう意味？」

天野「お前が言ったんだろ！」

飯尾が感じたキャイ～ンとの差 10年遅れて気づいたこと

飯尾「俺はね、本当の意味でキャイ～ンの2人との差を圧倒的に感じたのは、ずんを組む前のピン時代、キャイ～ンのラジオに出させてもらっていて、本番中、ヒデキの笑いが届かなくて、ガラス向こうのスタッフがキョトンとしてるのがわかるわけ。でも、ヒデキは気にせず、もう一回トライする。その笑いも届かず、スタッフは再びキョトン。で、俺だったらそこで心折れて地べた見ながら猫背で帰りたい気分なんだけど、ヒデキはさらに3回目もいくんだよ。そしたらさ、2回のキョトンを吹き飛ばすくらいの爆笑が起こって、スタッフがのけぞって笑ってるんだよ。それにしてもよく3回目が行けたなー…。そうか、仕事だよ。パン屋さんが2回パンを焼くのを失敗したからって、3回目焼かないってことないもんなー。そう思うと、俺、これまでどんな仕事の取り組み方をしてたんだろうかと。やっぱり売れるってこういうことなんだな。面白い面白くない以前に、気持ちが大事なんだって、帰りのタクシーで、港区から品川区に入ったあたりで思ったわけです」

ウド「一発目で面白くないといけないんだけどね～！」

飯尾「一発目、二発目でウケないことだってあるじゃない。でも、そこで諦めちゃったら、面白くないやつで終わっちゃうじゃない？

でも、ウケるまでやったら、あの人面白いって塗り替えられる。あの時のラジオは、それを考えさせられたシーンだった」

天野「ウドちゃんはさ。手を抜かないんだよ。俺も抜かないけど、抜かない度合いがズバ抜けてる」

飯尾「あとさ、ウケをとって帰りたいっていうのもあるじゃない？　俺さ、静岡のテレビ局で、10年くらいレギュラーやってんだけど、ロケをしてると、『わざわざ遠くまでありがとうございます』って、こちらが恐縮しちゃうくらいのリアクションをいただいたり、『なぜ地方で長いことレギュラーを？』って聞かれるけど、答えは『楽しいから』で、必然的に全力で楽しんでる。それには、時間、場所、天気は関係ないよね。この人がいれば、面白くなるって思って呼んでくれてるから」

天野「そうよ。俺たちはみんな、それがベースにあるから」

飯尾「それがなくなったら引退しようと思ってる。少しでも、『まっ、このくらいでいっか』って考えたらダメだよね」

ウド「面白いと思われたいもの」

やす「そうだよねー」

ウド「この人と仕事していてよかったなとも思われたいしね〜」

飯尾「たとえばの話だけど、目の前にいる人がすごく感じが悪くて、自分のことを面白くないと批判してきたとしても、じゃあ、その隣にいる人に楽しいと感じてもらおう、と思うでしょう？　隣の人も面白くないという顔をしたら、じゃあ、あっちにいる人を笑わせよう、とか。俺は2人より10年、その意識を持つのが遅れていたね」

やす「もともとそれが、キャイ～ンの2人は備（そな）わってんのかね？」

天野「もともと、なんてないと思うよ。野球でも、バッターボックスに入ったら、もう打つしかないじゃない。相手のピッチャーがどんなにすごくても、思いっきり振る」

飯尾「思いっきり振っての空振り三振のほうがいい」

やす「どっちにしても三振ですね（笑）」

飯尾「いや、そういうことを言ってんじゃないのよ、やす！　特番で人数が必要な時に、『そういえばあいつ、最後まで引かずにやってたなぁ～』と。それで次も呼んでくれるから」

ウド「天野くんは新しいことをどうできるか、というテーマを僕に与えてくるんです。『ウドちゃん、これはどうやる？』って。どうなるかわからないことをポジティブにチャレンジさせようとする」

やす「天野くんは、ここがポイントだよというのを作ってくれるようなイメージがあるねー」

天野「たまにトーク番組でやりとりまできっちり書いてある台本がある。でもそれは予定調和になり過ぎて、その通りにはできない。相対した時に、自分が聞きたいことを優先させちゃうんだよね」

飯尾「ヒー坊はそれでいいと思うよ。なんでも拾うし」

役者もやり始めた歴史 それぞれの現場に対する思い

天野「俺はね、飯尾くんにあれを聞きたいのよ。映画『沈黙のパレード』のお父さん役の名演技。あれ、どういう気持ちで、あんな表情ができたんですか」

飯尾「まだ縁なくて子どもがいないから、子を持つ親の気持ちが、わからないわけよ。自分に娘がいたら、どうだったのか。それを最初、関根さんとヒー坊に聞こうと思ったんだけど。いやいや、2人にそんな悲しい気持ちを想像させたくなくてやめました」

天野「え？ 聞いてくれてもよかったのに。だって、普通にニュースで悲しい事件とか見てるから」

飯尾「嫌だったんだよ。考えさせるっていうそのことが。悲しい時間になっちゃうじゃない」

天野「飯尾っち、その時点で気持ちがわかっているワケだよ。悲しい思いをさせたくないと感じるってことが、もうその役に入ってる」

飯尾「実はね、一回、断ったんですよ。『自分には、この役は務まりません、すみません、できません』と。『では、それではなくムードメーカーの役は？』とおっしゃっていただいたので打ち合わせの現場に行ったら、『やっぱり悲劇のお父さん役をやってほしい』と。

言葉に詰まっちゃってさ。『僕はできません』って口から出かかった瞬間、『いや、まわりの人間が飯尾さんにやってほしいって言ってるんです』という言葉が出てきて。そしたらさ、いつの間にか『お願いします』って言ってました。現場でも、周りのみなさんの演技がうまくて、娘役の川床明日香ちゃんと出口夏希ちゃんに、『お父さん！』って呼ばれたら本当にお父さんの気分になる。妻役の戸田菜穂さんから切ない顔で、『あなた！』って呼ばれると、この奥さんを泣かせてはいけない気分になる。ただ、娘2人には、どうしても顔が似てないと思うかもしれないけど、容姿はお母さん似、胃腸の丈夫さと爪の形はお父さん似だって言ったら、笑いながら、『はいっ』って答えてました(笑)　迫真の演技に囲まれて、つられ演技です」

やす「どうしてこんなきれいな女性たちの中に相方がいるんだろうって見てたら、途中で、お父さんって呼んで、あっ、お父さんだってわかりました(笑)」

天野「俺もお芝居の経験数は少ないけど、わかるよ。波長の合う人とのお芝居って、そうやってつられて進行していくってことが。『やだもう、天野っちが泣くから泣いちゃったじゃない』って現場で言われたことがあるよ。それって、俺が釣っちゃったってことかなあ?」

やす「天野くん、それって単なる自慢になってるよ」

天野「お前を釣って三枚におろしたろか」

やす「自分も演技の仕事を時々いただくんですが、役者さんの仕事は本当に難しい。でも、その難しいのが楽しい」

天野「でも、やすは自分が心配になるくらい褒められてるんだって(笑)?」

やす「そう。お笑いでは褒められることが一切ないからびっくり」

天野「飯尾っちは俳優業でブルーリボン賞までとったから、そうなるとグーっとそっちの割合が増えてったりするの?」

飯尾「お笑いをやっているから、呼ばれてるんだなって感じるよ。普段のバラエティーがあって、その振り幅で、この人、起用してみようかなって。『沈黙のパレード』の撮影中は、それと並行して、ちょうどドリフコントの再現の収録があって、それで気持ちのバランスをとっていたのはありますね。どバラエティーと悲しい父親」

天野「なるほどねー。で、ウドちゃんはどうなの?」

ウド「たしか、この前、たけしさんがある記事で、素数の1から奇数だけを順番に足していくと答えは順番数の2乗になる、みたいなことをおっしゃってましたね〜!」

やす「ん?」

天野「それ、なんの話?」

やす「1+1は2」

天野「それ、算数だろ!」

飯尾「もう、この話、終わりだよ(笑)」

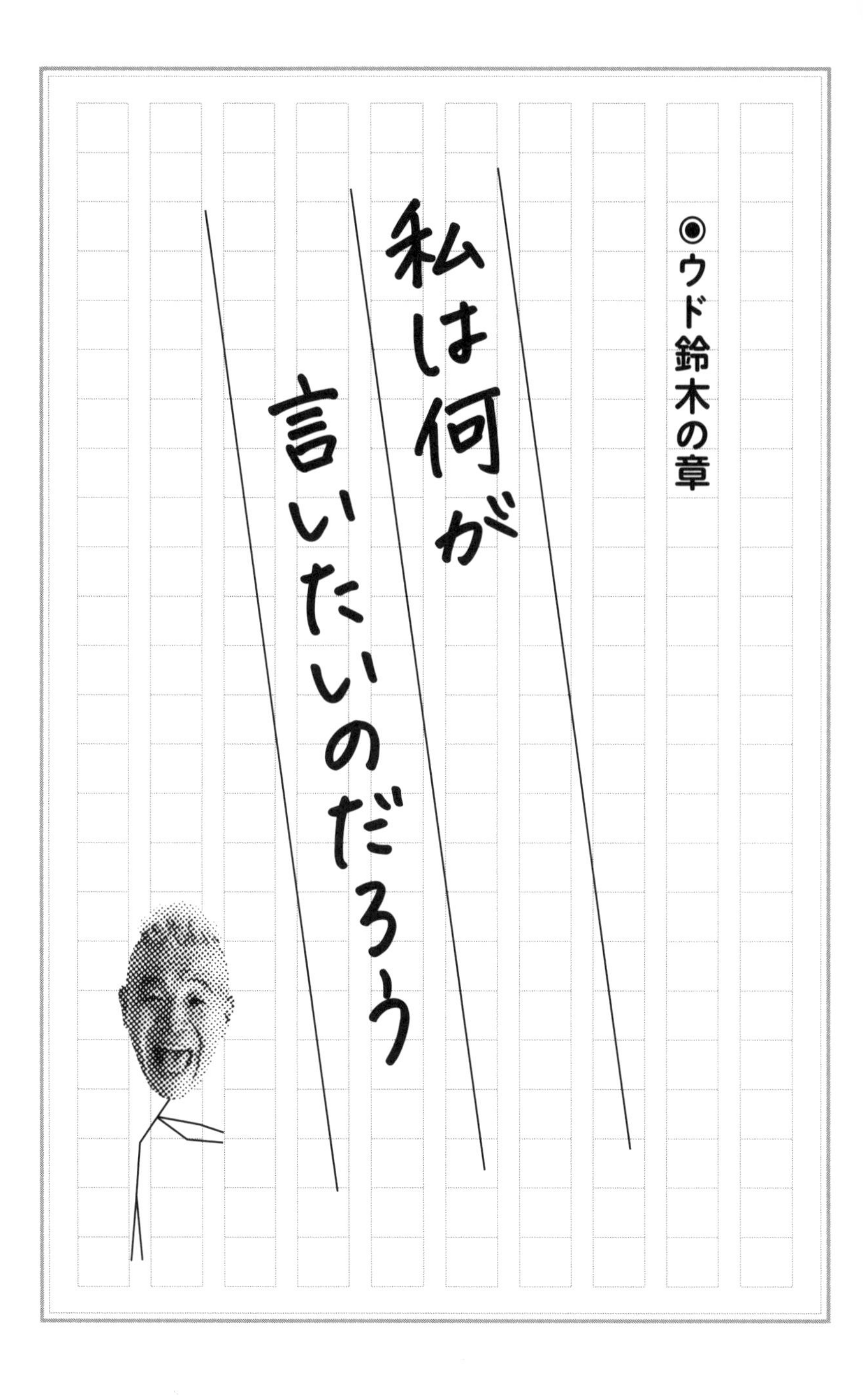
◉ウド鈴木の章
私は何が
言いたいのだろう

「哲学について」

キャイーン／ウド鈴木

私が、哲学という言葉を耳にしたことはあっても、自分で発することは人生において、ほとんどなかったと思いながら、20年近く生きてきた、ある秋のことでした。

それは、私、ウド鈴木の名付け親で、私の師匠の夢麻呂さんに紹介していただいた、「コモドール」という定食屋さんのアルバイト先でのこと。当時、20歳をいったりきたりしていた私に、そのアルバイト先でできた後輩の学生さんが、いつも休憩中に難しそうな本を読んでいたことに興味を抱き、「いったい、いつも何を読んでいるの」と聞いたことから始まった、哲学との出会いだったのです。

その後輩は私の顔を見上げて言いました。

「哲学です」

私はすぐに聞き返しました。

「えっ！　哲学？　何なのそれは？」

すると後輩は、慈しみの笑みを浮かべて私に言いました。

「ウドさん、ウドさんが思っていること、考えていることが、もう哲学なんですよ」

「な、な、なんだって〜？　俺が思っていること、それが哲学！　俺も哲学家なの？」

後輩は深くうなずきながら言いました。

「そうなんですよ！　ウドさん！　人間はみんな哲学家なんですよ！」

私は、衝撃を受けました。「哲学」という言葉を知っていても、その意味は何もわからず生きてきて、まさか自分の思いや考えも哲学とは、これいかに？　何もしていないのに、もう哲学家、ただ、その響きや哲学という言葉のかっこよさは、経験のない、たまらない優越感に包んでくれる言葉だと思い、その一瞬から、その後輩に一目(いちもく)置くようになりました。

その後輩は非常に真面目(まじめ)で、昔の文豪の写真のような、斜に構えた感じのポージングが似合う、毛量の多さに嫉妬する力強い毛を、天然パーマの力で抑え込んでいる様(さま)は、自分の思いすらも抑え込んでいるようにも見えました。短い期間ではありましたが、私に確実なキーワードを残していった後輩が、今、哲学者になっているか、どうかはわかりません。しかしながら、きっと私に教えてくれたように、今日も誰かに、「哲学とは？」と説いてくださっているだろうと想像せずにはいられません。そう、なぜなら、それが彼にとっての哲学だからです。

哲学といえば、昔、こんなことがありました。それは、『もしもツアーズ』という番組のロケで、大阪に行った時のことです。

天野くんと私たちは、大阪のアベノハルカスという、当時日本一の高さのビルディングの見えるところで、番組のオープニングを撮影し始めた時でした。「大阪にやってきたでぇ〜!」と、私が声高らかに言い放った時に、「チリン♪　チリン♪」という自転車のベルを鳴らす音とともに、シャカシャカした生地の白いセットアップに身を包んだ、パーマをかけてからおよそ2カ月は経っているだろうと思われる石川五衛門ぐらいの膨らみを持った髪の毛のおじさんが、自転車のカゴに白菜や長ネギを何本か差したスーパーの買い物の帰りであろう出立ちでおいでになり、そのまま絶賛オープニング撮影中の我々の前に、「キ〜〜〜♪」と、ブレーキ音を鳴らしながら、立ち止まった、いや、停車なさったのです。我々にどんかぶりのおじさんは、カメラさんたちを意識しつつ言いました。

「何しとんの?　ロケ?」

天野くんも私も、出演者一同戸惑いを隠せないまま、「はい、そうなんです。え

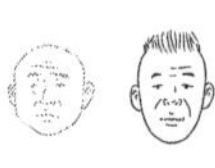

っ！　もしかして、ゲストの方ですか？」みたいなボケを言いながら、さすが、大阪！　よくテレビ番組で、大阪でロケをしていると、地元の人がギュインと入ってきて、軽快に話して、ボケ倒して行くという話を聞いたことがありましたが、これがそれか！と、ドキドキとともに、ワクワクしながらうなずきました。それと同時に、スタッフさんが、「すみません。今、ロケ中なので、申し訳ございませんが、一度こちらのほうに移動していただけないでしょうか？」と、丁寧にご協力を促（うなが）してくださった時、そのおじさんは、「えっ！　これで終わり？」みたいな感じで、残念そうに自転車の向きを変えながら言ったのです。

「え〜！　そうか〜！　しゃあないなぁ〜、ほな、みんな大阪楽しんでってや〜！　おおきに〜！」

そして、帰る方向に自転車を漕（こ）ぎ始めながら言いました！

「ウドちゃん！　フィロソフィーやで〜！　フィロソフィー！」

聞き分けのいい優しい明るいおじさんは、いったい、なんだったんだろう？　あのおじさんが最後に叫んで教えくれたフィロソフィーとは？　どんな言葉なんだ？　何の意味なんだろう？　私は、徐々に小さくなっていくおじさんを見送りながら、天野くんに聞きました。

「天野くん、フィロソフィーって何ですか？」

天野くんはすぐに教えてくれました。

「ウドちゃん、哲学だよ」

「えっ！　哲学！」

ここで、私がアルバイト先で出会ったあの後輩が教えてくれた、「哲学」という言葉を久しぶりに聞いて、懐かしく思うのと同時に、なぜ、おじさんは、私に哲学を大事にしてと言いたかったのか？　そして、どうして「フィロソフィー」という英語だったのか？　また、天野くんもすぐに、「フィロソフィー」を「哲学」と和訳できたのか？　さすが、日大国際関係学部出身！と、賛辞をお贈りしたいと思いました。

しかし、あのシャカシャカのおじさんは摩可不思議でした。松田聖子さんの楽曲に小さい頃から多大な影響をいただいた私の好きな歌詞の言葉に、「ムーンライトマジック」や「オ〜！　ミルキースマイル」「ドントキスミーベイベー」などがあるのですが、この「フィロソフィー」も、この先忘れられない言葉になりそうだ！　と思ったのです。

それから、いくつか大阪のスポットをロケで巡り、あるところで、ロケバス待機となりました。外に出て周りを見たい私がロケバスを降りて、風に吹かれたその時、あの「チリン♪　チリン♪」というベルの音が聞こえてきました！「えっ！　まさか？」と振り向くと、さっきのシャカシャカのおじさんが、まだネギと白菜をカゴに入れたまま自転車で、こっちにやってきました！

「あっ！　さっきはどうも〜！」と、ご挨拶すると、おじさんは、

「ウドちゃん！　フィロソフィーやで〜！　フィロソフィ〜〜〜！」

と、またしても叫びながら、ただ今度は自転車で止まることなく、去って行きました。

一日に二度も偶然に出会い、そして風のように去りながら、おじさんが教えたかった「フィロソフィー」とは？　本当になんだったんでしょうか？　それは哲学とわかりながら、ますますわからなくなる、大阪のシャカシャカのおじさん。愛(いと)おしいですね〜！　また大阪のどこかでお会いしたいです。そして、私は思いました。僕が誰かに通りすがりに、伝えたい、教えたい言葉とは？　思想とは？　なんだろうか？　そういうものがあるだろうか？

そう考えると、そういう伝えたい言葉や思いがあることは、とても幸せなことだなぁと、改めて思ったのです。

私で言うと、やはり「天野く〜ん！」ですね〜！

皆さんにも、そういう信念やポリシー、座右の銘、好きな言葉はありますか？

それを教えてくれた、考えさせてくれた、おじさんの行動、言葉こそが、「哲学」なのでしょうか？　あの時のアルバイト先の後輩に聞いてみたい、そう思うウド鈴木です。

哲学の意味をインターネットで調べると、「人生・世界、事物の根源のあり方・原理を、理性によって求めようとする学問。また、経験からつくりあげた人生観」と説(と)かれていました。

思えば、小さいころから、「どうやったら幸せになれるのかなぁ」と、いつも思っていました。そして、あてもなく、ただ漠然と考えていたと思います。その頃は、自分の今の環境が、実は恵まれている、ありがたい幸せなことなのに、気づけずに単純にお金が欲しい！　好きなものを自由に買いたい！　お菓子を腹一杯食べたい！　とにかく女の子にモテたい！　みんなに注目されて、人気者になりたい！　慕(した)われて、

頼りにされたい！　もっと細かくいえば、早く鉄棒の逆上がりができるようになりたい！　そんなふうに、自分の欲ばかりで、家族や友だちや周りの人に何の感謝もせず、自分が健康で、ご飯を腹一杯食べて、寝られる幸せを感じようともせずに、生きていたと思います。

今、タイムスリップできるなら、あの頃の自分に会って、キョトンとされながらも、必死で小さいもう一人の自分に説いてあげることでしょう。

とはいうものの、私は小さい頃からプレッシャーを受けずに、それこそスクスクと育っていたと思います。ある意味、「幸せになりたい！」と思う、いつも漂（ただよ）うほのかな思いを重ねた願い以外は、何の悩みもなかったのです。

祖母と父と母と、二人の姉と弟と私の七人家族で、いつも賑（にぎ）やかで、楽しい家庭でした。

その時点で恵まれているのですが、先ほども言った通り、物質的な欲求を満たすために、ほぼ幸せという価値観を自分で変換して当てはめ、考えていたのだと思います。

プレッシャーを感じていたのは、誰に言われたわけではありませんが、「長男だから家を継がなければならない」という私の独りよがりが生み出したものでした。勝手に「そうしなければならないのか？　私は、そういう田舎特有の風習に対して抗うのだ！　いつかは、大きくなったら、家を出て自由に何かに挑戦する！」と自分の心の中だけでそう思っていました。なんとなく健気にも思えるこの考え方は、家族や周りの人に自分の気持ちを発信できない、自分へのもどかしさや「自分は人に打ち明けられない、人見知りだからしょうがないんだ！」と、特別何もせずにただただ思っていただけ。今になって思えば、自分が作り出した、切ない哲学だったのではないでしょうか。

性格的には明るい時もあれば、一人で物事に打ち込み、集中しすぎてしまい、周りと少し離れる時もありました。

勉強はすごくできるわけではなく、とんでもなくできないわけでもない。運動はまるっきりドンくさくて、ドッヂボールも、一回もボールを胸と腹で衝撃を受け止めながら、少しバックステップを利用するなんて皆無な、体育でヒーローには決してなれない。子どもながらに客観的に自分を見ていた男の子でした。

そんな自分が、いやそんな自分なのに、なぜか、人には注目されたい意識がありました。これを自己顕示欲というのでしょうか？　内面から沸々と、みんなに気にされ

て、できればみんなに笑ってもらって、あわよくば、女の子からモテたい！　そういう気持ちで、生きていましたので、何かしなければと、誰に背中を押されるわけでもなく、悶々（もんもん）というより、ふわふわとしていたと思います。

こうやって自分の幼少期を振り返りながら考察すると、ちょっと、いやだいぶ厄介（やっかい）な性格だなぁ、いやもっと大きく言って、厄介な人格だなぁと思います。

他人が自分をどう思っているかをすごく意識させられたのは、児童館に通っていた頃に、私の成長するうえでの春の目覚めのエピソードがあります。

それは私が通う児童館で、きれいで、明るく、優しい、胸を鷲摑みにされた先生がいらっしゃって、初めてお会いした時からトキメキが止まりませんでした。その先生にお会いできるだけで、毎日児童館に行くことが楽しくて、仕方なかったのです。

そんな薔薇色の日々の私は、ある時、もう少し踏み出した感情と出会いました。それは、「大好きなトキメキの先生の胸を触（さわ）りたい！」という感情です。これは人間が成長していく中で、早かれ遅かれ生まれてくる感情であり、本能なのだと思うのですが、その感情の行き場を知る由（よし）もなく、どこかに置くわけにもいかず、ある時、児童館に向かう途中の穏やかな砂利道で、一緒に通っていた友だちに、胸の内を明かしたのです。

「俺さあ、ずっと思ってるんだけど、○○先生のおっぱいを触りたいんだ！」

自分の中で湧いてはどうすることもできず、積み上げていた眩い感情を吐露しました。すると友だちは、「俺もそう思う！　一緒だな！」と、なんと共鳴してくれたのです。私は自分が収めていた、人にも家族にも、ましてや、ご本人の先生にも言えない、そんなどうにもできない感情を聞いてくれて、しかも、同志であるとは、「ありがたい！　そして嬉しい！　もう一人ではないんだ！　よかった〜！」とわかってくれる人がいる幸せを感じました。ただ、絶対に先生の胸を触ることなどできないし、そのことを先生に告げることもできない、大好きな先生に知られてはならない。それは、周りの人たちにも、もちろんのことということで、秘密の思いを打ち明けた友だちに、「このことは絶対に誰にも言わないでくれ！　俺たち二人の秘密だ！　男と男の約束だ！　頼む！」とお願いし、友だちも、「もちろん！　わかった！」と快く了承してくれました。私は叶わずとも、自分の思いを打ち明け、気持ちが楽になり、まして同志を得た喜びと安堵感に高揚しながら、児童館に入っていきました。

その日、歌やお遊戯を終え、給食のあとにお昼寝の時間となり、私も寝ようとした

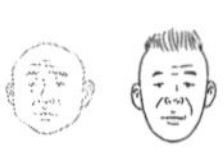

その時、私の大好きな先生が、「ひできくん！　ちょっと先生と話そうか？」と声をかけてくださいました。私はトキメキの先生からのお誘いに、しかもみんながお昼寝している時に、二人っきりでお話とは、こりゃまた、嬉しいったらありゃしないと、先生たちのデスクがある部屋に行きました。そこには、他の先生はおらず、一番理想の二人きりの空間となり、ドキドキしながら先生の前の椅子に座ると、先生が言いました。

「ひできくん！　先生の胸を触りたいの？」

えっ！　先生！　なんでそれを知っているのですか？　心の声は、あまりの衝撃により発することができませんでした。私が予想しなかった、一番あってはならない状況に動揺していると、先生は続けて、

「なんで、どうして、先生の胸を触りたいの？」

と聞いてきたので、私は、とにかく素直な気持ちを純粋に伝えるしかないと思い、さくら組、すずきひできは意を決して言いました！

「せ、せんせいが、すごいきれいで、好きだから」

おそらく、これが私の人生最初の愛の告白だと思います。すると先生は、

「ひできくんの気持ちは、先生、すごい嬉しいよ！　ありがとうね！　でも、先生の胸は触ることはできないの。ゴメンね。だから、先生の胸を触りたいって言わないでほしいの。ゴメンね～」

私の大好きな先生が悲しんでいる。私のために、悲しんでいる。そう理解した私は、「うん」と、小さくしっかりうなずき、その場をあとにしました。

それからお昼寝をしなければならない私はパニック状態に陥りました。それは、皆さんもお気づきの通り、大好きな先生に、私が先生のおっぱいを触りたい！という思いを知られてしまったこと、それをまさか直接言われたこと、そして、理由を聞かれたこと。そしてなにより、私と同じ思いを抱き、「このことは絶対に言わないでくれ！」「わかった！」と男と男の約束を交わした友だちが、すごい速さで先生にお告げして、結果、約束を破られてしまったこと。この幾重なるショックに、打ちひしがれてしまったからです。同時にいくつもの衝撃的な悲しみを抱(かか)えることとなり、受け止めざるをえない私は、友だちを怒る気持ちもなく、スヤスヤと寝る友だちの顔を眺めながら、「これも致し方ないのだ」と、心を落ち着けようと床(とこ)に入りました。

私は、それから「おっぱい」という言葉を二度と使うことはなく、一番言いたい盛

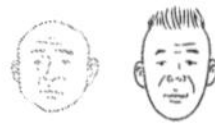

りを、なんとか耐え凌いだのです。それは大好きな先生のあの哀しげな表情を忘れられずに、二度と先生をああいう表情にしてはならないと、そう心に誓ったからです。私がその後、「おっぱい」を口にしたのは、口にしたと言いましても、おわかりの通り、口で発したのは、それから数年経った、小学校高学年になってからでした。

子どもといえども、早くにトキメキをもって異性の好きな人への純粋な思いを感じ、喜びとして自分と向き合い、また、その相手の方がどう思うのかを深く考え、敬って生きていくことを考えるきっかけとなった出来事でした。

あれから数十年の時が経ち、私はメ~テレさんで、『旅してゴメン』という旅番組をやらせていただきました。その中で描いた旅の感想と絵の色紙展が、ふるさとの山形で開催された時、ご来場いただいたお客様のアンケートのお答えの中に、大好きな先生のご感想がありました。

先生は、「ごぶさたしております。お元気でなによりです。ひできくんは、明るくて、とても優しく、いつも気遣ってくれましたね~。今日、ひできくんの優しい人柄が伝わる絵を見れて、嬉しかったです。これからも応援しています。お体を大事にして、頑張ってくださいね~」と、綴ってくださいました。たしか、そういう内容だったと思いますが、自分寄りに誇張していましたら、申し訳ございません。どうかお許しください。

時を経ても、私の大好きな先生は、とっても素敵で優しい女神です。

このように、誰しもが子どもの頃からいろいろ考えておられると思いますが、私もご多聞にもれず、いつも何かを考え、そんな自分に戸惑い、答えを見つけようとしていました。

この頃の、私の哲学は、「人に言って、相手が嫌がることや悲しいことは言わない」だったのかなぁと思います。

小学4年生の時のこと。成績はいいとも、悪いとも言いにくい、3学期の通信簿を見た父が、眉をひそめて言いました。

「なんだこれは？　先生の総評のところに、物事に消極的で、発言が少なく、また協調性がなく、いったい何を考えているのかわかりませんって書いてあるぞ。どういうことだ？」

私は、さほど先生の総評を気にも留めてなかったので、「知らないよ」と返しまし

た。すると父が、私の言葉に納得がいかないようで、また言いました。

「知らないよもなにも、こんなこと書かれてどうするんだ！　1学期も2学期も一緒のこと書かれてるぞ！　おまえ、いったい何考えてんだ？」

父も先生と同じで、私のことが理解できていなかったのですね～。それも仕方ないこと、人間は、自分のこともわからないのに、他人のことなど、家族と言えどもわかるはずもない。今はそう言えますが、あの時は父の問いにこう答えたのを覚えています。

「父ちゃん、俺は一生懸命生きてるだけだよ」

父は、私が真っ直ぐな思いをそのまま言うと思わなかったのか、面を食らった感じで困ったように言いました。

「一生懸命生きていたって、こんなこと書かれたらダメだろう！」

今思えば、父もそう言うしかなかったのでしょう。私が父の立場ならば、困ったもんだ！となります。無理もありません。

考えてみると今もそうですが、子どものころは、とにかく毎日必死に楽しく生きようと躍動していたと思います。自分の体と心が疲弊するまで、ひたすら起きていて、自分を解放していました。学校の担任の先生にも、父や他の家族にも、友だちにも、自分の思いや考え、まして将来の希望なども伝えたことは、ほぼなかったのですから、我ながら内に秘めたものをどうするべきか、コントロールもできず、しかし、それも苦としていない、自分なりに自然体で暮らしていました。

ですから、ストレスがなかったのだと思います。

同じく、小学校のころのエピソードに、自分はあまり周りと一緒でなければならないという思いが薄かったと感じることがあります。

小学校のころに、地域の剣道スポーツ少年団に入っていました。とある冬の寒い日に、小学校の体育館で剣道大会が開催されました。剣道では寒い冬の時期でも子どもといえども、袴の下にズボン下、いわゆる今のヒートテックみたいなインナーを履くことは推奨されてはいませんでした。しかしながら、私は当時高齢の剣道の師範の方が、練習の時に、ズボン下を履いていることを知っていました。なぜなら、師範の袴の裾から、白いズボン下がチラチラ顔を出していたからです。そのことを鑑みて、人間、寒い時は履いてもいいだろうと、勝手に理解して、それをよしとしていました。ですので、練習のみならず、試合でもズボン下を履いて臨んだのです。

山形の雪降る冬の寒さは相当のもので、その日もすごく寒く、まして当時は暖房設備のない体育館での試合は酷なものでした。でも、各剣道スポーツ少年団の剣士のみんなや、父兄の方々、関係者の皆さんでいっぱいの体育館は、熱気で少しずつ温まってきているような気がしていました。それでも私は、家から来て寒いのと、やはり根っからの自分への底なしの甘さで、袴の下にズボン下を履いて試合に出ました。ただ、そのままではなく、ズボン下を両足膝までまくり、周りの人からは履いているとは見えないように細工して臨みました。

そういったズル賢い自分を甘やかす私も、試合となれば一生懸命戦うわけですが、「メン！　メン！　メ〜〜〜ン！」と、必死に打ち込むほど、踏み込んだ時の衝撃で、だんだん右足のズボン下が膝からずり落ちてきて、裾から顔を出してしまいました。「あっ！　やばい！」と思った私は、またずり落ちたズボン下を試合中にまくりあげ、見えないように努めます。そして、また勝ちたい気持ちで、メンを、コテを、ドウを踏み込んで、打つほどにズボン下が落ちてくる、やがて左足のズボン下も落ちてくる。それを交互に直す私、その様子が滑稽（こっけい）だったのか、観戦している人たちから笑いが起きていました。「これが失笑か？」と教えてくれるような笑いです。

そんなこともお構いなく頑張ったものの、見事な負けっぷりで、蹲踞(そんきょ)して試合を終えました。その時もズボン下は裾からハミ出ていました。頑張った証(あかし)ですが、その日、ズボン下を履いて試合に挑(いど)んだのは、どうやら私だけのようでした。あの時のズボン下の色は、外の雪のような白。

でも、私はあまり恥ずかしい感情はなく、ひょうひょうとしていました。それは根本にある、寒い時に温かい格好をして何が悪いのだ！　そういう気持ちです。根性や精神論で乗り越えるのではなく、キチンと環境に適した備えをすることは間違ってはいない！　そう一人で思っていたからです。

ところが次の日、学校の朝のホームルームが開かれた時、担任の先生が言いました。

「昨日の剣道大会お疲れ様でした。先生も観戦させていただきました。寒い中、皆さん、よく頑張りましたね。素晴らしかったです！　そんな中、剣道の試合にズボン下を履いて、戦った不届者がいる！　出てきなさい！　ひできくん」

な、な、なんと、担任の先生が、剣道の試合を見に来られていたのです。これぞ青天の霹靂(へきれき)、普段剣道を見ることない先生が、小学校の体育館での大会開催ということで観戦され、よりによって、私の試合をご覧になっていたとは。

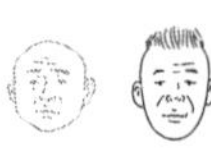

「な～に～？　やっちまったなぁ～！」と、クールポコさんのネタのような心の叫びを発していました。その時は、教壇の先生の隣に呼ばれ、「なぜ、ズボン下を履いて試合をしたのか？」と率直に聞かれましたが、返す刀で私も率直に「すごく寒かったからです」と凛と答えました。クラスのみんなのクスクス笑いが起きる中、先生は「寒いのはみんな一緒！　みんなはズボン下履いてなかったでしょ！　もう～！　ズボン下を履かなくても、動いて、温かくしてやりなさい！」と仰いましたが、これはナンセンスな話だなぁと私はつくづく思ったのでした。

恥ずかしいですが、間違ってはいない！　笑われることも、むしろ、ありがたいことでもありました。このことからも、私は自分に甘いのと同時に、自分の意をほわほわと通そうとする、ナチュラル頑固なところがあるなぁと、今さらながら思います。

そんな私はのびのび健やかに成長していくわけですが、その源といえるのは、やはり、祖母や母がこのうえなく優しく、明るくて、太陽のような人だからだと思います。

私は物心ついた時から、ほとんど怒られたことがございません。というのも語弊がありますす。父からは、怒られることは多々ありました。ブルース・リーさんの映画で、カンフーが大流行して、ヌンチャクが流行った時、なんとか自分で作ろうとして、納

屋にある鍬の長い柄を勝手に糸鋸で切って、お手製のヌンチャクを完成させ、悦に入って振り回していると、納屋に入った父が鍬の刃だけしかない状態を見て、「誰だ〜？　鍬の柄を切ったの〜？　出てこ〜い！」と叫び、恐れ多くも、「父ちゃん、俺だ！」と言った時、確かに怒られました。が、私の見事な完成度の鍬の柄ヌンチャクを父が手にした時、「よくできてるなぁ」と、褒めてくれたのです。怒る気力をかき消してしまった鍬の柄ヌンチャク。図工が得意な息子の片鱗を見て、父は農作業に力を注ぐべく、田んぼに行きました。

まぁ、大それた悪いことをするような器のない私を、家族はみんな見抜いていたと思いますが、祖母や母からは怒られたことは記憶にありません。

祖母も母も天真爛漫で、私に「勉強をしなさい！」とか、「生活をキチンとしなさい！」とか、そう促されたり、注意や指導をされることはなく、その代わりいつも言われたのが、「おまえはやればできる！」「ひできはやればできる子だ！」という、私を肯定してくれる言葉です。本当に小さい頃から常々言っていただきました。よく、田舎では茶飲み話を、各家庭の茶の間などで、近所のお母さんやおばあさんが集まり、お漬物やお茶請けを食べながらするのですが、私の家でお茶飲みがある時に、私が学

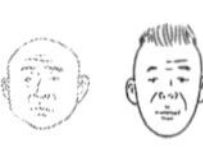

校から「ただいま～!!」と大きな声を出して帰ってくると、近所のお母さんやおばあさんが、「あら、ひできちゃん、おかえり～。元気でいいねえ」と、声をかけてくれます。そうすると、私の母や祖母が、

「うちのひできは、やればできる子なんだよね～！　だけど、やらないのよね～！アハハハハ～！」と、笑いながら言ってくれるのです。それを聞いて、近所のお母さんやおばあさんも、「そうだ！　そうだ～！」と、同調してくれるのです。

子どもながらに、「なんて我が息子、我が孫を褒めてくれるのだろう！　肯定してくれるのだろう！」と、思うと同時に、「やればできる子なんだよ！　だけどやらないのよね～！」という、やればできる可能性があるのだけれど、やらないから結果が出ていないという、可能性だけ感じさせてくれて、「もしやったらスゴいのよ！」という、幻のような結果も想定して言ってくれる。しかも、息子、孫の私本人だけでなく、他の人たちにまで言ってくれる。

これはおおよそ、人間の慈悲を超えた、温かすぎる愛なのであります。ですので、私は本当に何の努力もしていないのですが、「自分はなんでもやればできるのだ！」、正確には、「できる可能性をいっぱい持っている！　ピッカピカの逸材だ！」と思っ

て生きてきました。

お笑いの世界に挑戦することも、才能があるかどうかを自分で問うこともなく、飛び込むことができたのは、私を源泉掛け流しの愛で、育ててくれた母と祖母のおかげでございます。母ちゃん、ばばちゃんに、心より感謝申し上げます。ありがとうございます。

私に、ピカピカの希望だけを与えてくれて、背中を押してくれるというより、いつも一歩踏み出せるように、足を浮かせてくれる、母と祖母！　私もそういう人になりたいです！


冒頭にお話をしたように、幸せになりたいという思いは思春期においても、ますます高まっていき、私はとうとうある行動に踏み切ります。

それは中学2年の頃、具体的に幸せになるために、何をすればいいのかがわからずに、その方法やプロセスを模索していました。そんな時、ある雑誌の後半に、当時毎回「幸運を呼ぶペンダント」の宣伝のページがありました。私は、前からその存在は知っていたのですが、なかなか購入には踏み切れなかったのです。それは無理もない

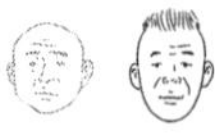

ことと、当時の自分自身も思っていました。

まずお金がかかるということ。そして、怪しいということ。「ペンダントを付けただけで、幸せになれるなんて話があるのか？　嘘だろう？」と誰しもがそう思うでしょう。

今では、その宣伝のページを掲載する雑誌も、ほぼなくなってしまいました。これも時代だと思います。

なぜ、私が「幸運を呼ぶペンダント」のことを、ここで記すのか？　それは私なりに学んだことがあるからです。

中学2年生の秋、私は幸せになるためには、何をどうするべきかわからず、それでいて精神的な修行を重ねるとか、滝に打たれるとか、座禅を組んで瞑想するとか、そういうことは一切しませんでした。なぜならば、つらいことがイヤで、本当に情けない話ですが、楽して幸せになりたいと純粋に空を見上げ、思っていたからです。それゆえに、「幸運を呼ぶペンダント」には、その掲載ページをいつも見るたびに、凝視してしまう自分がいました。

そして、いよいよ試す時が到来したのです。本体が７０００円、送料が７００円、合わせて７７００円という、幸運がキーワードだけに、ラッキーセブンのお値段を設定していることにも、自然に惹かれる要素があると、心なしか思っていました。

そして、お小遣いをコツコツ貯めて、７７００円になった時、いよいよ私は「幸運を呼ぶペンダント」を購入することに決めました。決めたら早かったです。当時、現金書留か、振り込みか忘れてしまいましたが、誰にも内緒で購入しました。何日かして手元に届くと、その小さい黒い箱を、息を呑んで開けました。

ありました！　ございました！　「幸運を呼ぶペンダント」が！

その小さいペンダントを恐る恐る首元につけてみます。まず、私が心配したのは、金属アレルギーなので、首元が荒れるか？　荒れないか？

でも、そんな心配をよそに、よそにと言っても、自分のことですが、意気揚々と私は外に飛び出して行きました。何がどう変わったか？　いやそんなことはわからないが、これから変わるだろう、そう変わるはずだ！

私の人生は薔薇色になるのだ〜！　と心で叫びながら、誰もいないところでは、「よっしゃ〜！」と、本当に大きい声を出して、自分を鼓舞していました。そうして特別何が起こるとか、お金が入るとか、急にモテ出したとかなく、でもこれからだと

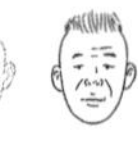

期待に胸を膨らまして、1週間が過ぎたころ、突如として首元、胸元から、ペンダントが消えました。

それに気がついた時には、いったいいつ？　どこでなくしたのか？　皆目見当がつかなかったのです。私が「皆目見当がつかなかった」という言葉を使ったのは、人生でこの時が最初だったと思います。

すぐに打ちひしがれました。もう、ショックでショックで仕方ない！　だって、そうですよね。幸せになりたくて、幸運を呼ぶペンダントを大枚はたいて買ったのに、それを一週間でなくすなんてバカがどこにいますか？

ここにいました。

ひでき少年は、幸運を呼ぶペンダントに見放されてしまった。

正確に言えば、幸運を呼ぶペンダントにも、見放されてしまった。

幸運を呼ぶ前に、むしろ悲しみにくれる不運になっているではありませんか。そんなことを大々的に誰かに話して慰めてもらうこともできないひでき少年。今、思い出しても可哀想です。

ですが、ここでひでき少年は閃きます！　そうなんです！

「もう一個、幸運を呼ぶペンダントを買えばいいのだ！」

何てことでしょう！　まさか、一個なくしたから、もう一個買えばいい！　そうしたら、間違いなく幸運を呼ぶことができる！　むしろ、前よりもパワーアップして、幸運を呼んで幸せになれる！

そう思ったのでした。その単純な発想が、悲しみにくれる自分を救う方法としては、我ながらバカバカしいですが、極めてすぐに元気になれる閃きでした。

私は、すぐに資金集めに奔走しました。といっても、お金はありません。しかも当時の私にとって、ポテトチップスやコーラを我慢して、お小遣いを貯めるにも、時間がかかる、月日がかかる。それまでこのモヤモヤした思い、もう一個ペンダントを買えば解消されるのに、じっとはしていられない！

「そうだ！　ばばちゃんにお願いしよう！」

そう思ったら早いですね〜！　ばばちゃんにおもむろに近づき、小さい声ですが、意思が伝わるように言いました。

「ばばちゃん、悪いんだけど、お金をもらえないかなぁ、お願い！」

そういうと、ばばちゃんは針仕事の手を休め、言いました。

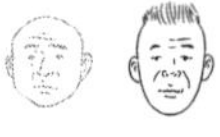

「なんぼだ？　何に使うの？」

「いや、実はこの前、幸運を呼ぶペンダントを買ったんだけど、1週間でなくしてしまって、もうどうにもならなくて、こうなったらもう一個買おうと思って」

すると、ばばちゃんは不思議に思ったのでしょう。まさか孫の口から幸運を呼ぶペンダントというフレーズが出てくるとは、夢にも思わなかったのだと思います。ばばちゃんは言います。

「何だ？　その幸運を呼ぶペンダントって？」

「いや〜、ばばちゃん、それがそのペンダントをつけるだけで、幸運を呼んで、幸せになれるっていうペンダントだ」

「そんなもんで幸運もなにも、幸せになれるわけないだろう！　そうしたら、みんなつけるだろう！」

ばばちゃんのおっしゃる通りなのですが、ここで私は引き下がらず、

「とにかくばばちゃん！　頼む！　お願いだ！　なんでもするから、俺に7700円ください！　幸運を呼んだら、ばばちゃんにも幸せを呼ぶから〜！」

いつになく、バカバカしいことを真剣に懇願する孫に、ばばちゃんは何一つ納得も

いかないままに、お金を授(さず)けてくれました。

私も、ばばちゃんに悪いなぁ、申し訳ないなぁと思いながらも、自分が幸運を呼ぶために、今の状態を打破するためには、これしか方法がないと本気で真っ直ぐに思っていたので、その思いのほうが熱く大きくなり、すぐさま2個目の幸運を呼ぶペンダントを購入しました。2個目となると、もうその怪しい小さい黒い箱にも、躊躇(ちゅうちょ)することなくパッと開けて、ペンダントを身につけました。

そして今度は慎重に、もう二度となくすものか！という意気込みと細心の注意を払い、肌身離さず、行動を共にしました。もちろん1個目のみならず、2個目を買ったことは、ばばちゃんしか知らないことで、2個目のペンダント自体おそらく知る余地もなかったでしょう。

そうして、常に首元を、そして胸元を確認しながら日々を過ごしていましたが、2個目のパワーを感じることはなく、やはりお金も入らなければ、モテもしない。勉強がすごくできることもなく、ただただ腹が減る毎日で、幸運が来るのはいったいいつ？　と思いながら1週間が経った時、忽然(こつぜん)とペンダントが消えました。そう、2個目のペンダントも消えたのです。

まさか？　2個目も消える？　なくす？　嘘でしょう！　こんなことがあるんかいっ！

あるんです！　あったんですよ！　いまだに信じられない事件でした。

私は、一度ならず、二度までも、という事の顚末に、再度打ちひしがれました。なんてたって、幸運を呼ぶペンダントが二度も姿を消す！　ということを、誰が予想できたでしょうか？

「運のない」という言葉では慰めきれない自分の有様に、言葉も気力もなくし、2個目のペンダントを買うために大事なお金をくださった、ばばちゃんへの申し訳なさは、自分自身はかり知れません。

当然、ばばちゃんには起きたことを言えませんでした。さすがに涙も出ては、なんで、何事か、自分でもやり場のない感情を集めてはただ塞ぎ込む、俺はなにをやったって、どうにもならない、どうにもできない、あの時はまだ口に出したことがなかった「ウドの大木」そのものの、ひでき少年でした。

消えてしまったあとの、ペンダントが入った2つの箱、これほどまでに悲しげな箱が世の中にあるのか。「なんだよ！　もう〜！」と、そうハッキリ言いながら、ふと

箱の蓋を開けました。何もあるはずもないのに、開けました。すると、何もなくはないのです。その小さい怪しげな黒い箱の中の底に、小さい紙が幾重にも折りたたんで入っていました。その存在には、ペンダントが届いて開けた時には気づかず、ほったらかしにしていたので、「いったい何なんだ？　この小さく折りたたまれた紙は？」と心で呟きながら、見てみると、そこには小さい紙に小さい字で、文章が書かれていました。

いったい、この後に及んで何を書いてくれているのか？

不思議と興味津々で読んでみると、そこには、「あなたは生きるうえで、周りの人に感謝をして、物事を積極的にポジティブに考え、いつも笑顔でニコニコと暮らすよう心がけること」というような内容が綴ってありました。

「決して諦めず、愚痴を言わず、前向きに、物事に取り組むこと。人の悪口を言わないこと。他人を敬い、自分自身を大事にすること。今生きていることに、日々感謝すること」

そのようなことが、続いて書かれていたと思います。

そうなんです！　この小さい箱の小さい紙に小さい文字で書かれていたことこそが、

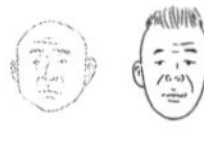

「幸運を呼ぶペンダント」の核、プロセス、方法、考え方だったのです！

中学2年生のひでき少年も、さすがに、「いいことが書いてあるなぁ」と感心しながら、気づきました。ある意味、パカッと蓋が開いたように悟りました。

そうなんですね～！　幸運を呼ぶのに、幸せになるのに、物に頼ってはいけない。その物を身につけて、幸せになるのではない。そう、すでに自分自身の中に、幸せになる、幸運を呼ぶヒントはあるのだ。考え方ひとつなのだ。気持ち次第で、自分の人を思う気持ち、慈しむ気持ち、感謝して生きること、自分を大事にすること、それが幸運を呼ぶことができる方法、いや、すでに生きていることは幸運である。また幸せなのである。

ということなのですね～！　思春期の多感な時期に、2個のペンダントを同じ期間でなくし、何をされたわけでも、何が起こったわけでもないですが、むしろ起こったのは、ペンダント2個をなくしたこと。そのことで精神的にどん底に落ちていた私は、その謎の小さい手引きで、救われることになったのです。

結局、物事の考え方がガラリと変わりました。極端に言えば、幸せになるのに、お金がかかるわけではないのです。まぁ多少のお金はやっぱり必要で、生きるうえでの、楽しみや癒やしのためにも、ある程度のお金を使い、好きなことに寄り添い、熱中して、謳歌することも、大事な幸せだと思います。

私は、お話しした「幸運を呼ぶペンダント」を決して買ってほしいわけではなく、また、そのようなアイテムやグッズを購入してほしいわけでもありません。わかっていただきたいのは、私の経験を通して、皆さんに「幸運を呼ぶことは、幸せになるのは、自分次第で〜す！」ということです！

長々とご静聴いただき、申し訳ございませんでした。

そして、ありがとうございました。


ここで忘れていた哲学っぽい話をひとつ、私の経験からなる人生観は、人との出会いによって形成構築され、そして豊かになり、これからもどんなことをして、またどんな影響を受けて発光するか楽しみなのですが、私の相方の天野くん！　親友の飯尾さん！　やすぼん！　この3人とお会いできていなかったら、人生の楽しみや笑いを、全身全霊で感じることはなかったと思います。

天野くんと飯尾さんとやすぼんに会えたことが、まるごと幸せで、幸運そのものだ

なぁと心より思います。

私にとっての哲学は、いつも優しくて、そして、面白すぎる3人が源かもしれません。いつも笑わせてくれて、幸せにしてくれるからです。

最後に、私の昔のアルバイト先の後輩に聞きたい！

これでいいのかな？　これでいいよね～！

きっと、それが僕の哲学！

僕のフィロソフィーだから。

やすのルーツを探る

宮崎・高鍋の旅

チキン南蛮と地鶏の炭火焼き。高鍋町ふるさと応援大使を務めるやすは、「わけもん!!『郵便番号の旅』」（MRT宮崎放送）のレギュラーだ。また、やす以外の３人も仕事で多く訪れる。天野「アップルマンゴーが美味」、ウド「鵜戸神宮と天岩戸神社がありまして、２つをくっつけてキャイ～ン神社と思ってます～」。飯尾は修学旅行で初めて訪れた。青い海と青い空、最高！

START

はい、チーズ、ぬくみずさぁ～ん

やすの誕生のルーツを探る旅は、朝10時に宮崎ブーゲンビリア空港で現地集合。やす「空港には、温水さんの銅像があるんですよ。そこで記念写真を撮りましょう！」。俳優の温水洋一さんは宮崎県都城市出身。等身大の像が座っている「ひなたぬくぬくベンチ」で、「はい、ぬくみずさぁ～ん」パチリッ。飯尾「『ん』で終わっちゃってちゃ、口が閉じてしまうじゃないの（笑）」。

宮崎空港から出発

福島に続いて今回も、運転は天野が担当。天野「ちょっと大きめの車を借りようね。大男がたくさん乗るから（笑）」。全員「いってきま～す！」。

ドライブ早々、さっそく腹ペコになった４人。道途中で見かけたチキン南蛮が生まれた『おぐらチェーン』に惹かれる天野と飯尾。天野「ここはなに？」。やす「ここは、チキン南蛮発祥のお店ですよ」。飯尾「え！　なら行ったほうがいいじゃん！」。天野「あの店構えは美味しそうだもんな？」。やす「はい。美味しいですよ」。天野「何回くらい行ったの？」。やす「行ったことないっす」。天野「行ったことないんかーい」。全員「‥‥」。ウド（ケータイを操作して）「エンヤ～～～、会津磐梯山は～♪（会津磐梯山の民謡をかける）」。天野「ここ、宮崎ですけど（苦笑）」。

最初に向かったのは、やすの母校『宮崎日本大学学園』（旧・宮崎日本大学高等学校）。当時と比べ、校舎は一新していたものの、校庭では女子ソフトボール部が、横の柔道場からは柔道をする声が聞こえると、やすは「なつかしいな〜。ここで柔道づくしだったんっすよ〜」。やすは強豪２校からスカウトが来るほど強かったという。

やすの母校に到着

やすの初恋の思い出の場所

思い出のバス停『徳ヶ渕』。ここはやすが憧れの先輩と会える場所。やす「反対側のバス停に彼女が立っているのを見た時は、キュンとしましたね〜」。デートの約束をこぎつけたものの、すれ違いが続き、ついに実現することはなかった。当時の甘くて切ない初恋物語を3人に熱く語る、やす。

宮崎名物のレタス巻きを注文。レタス巻きは昭和41年に、寿司処一平の初代大将が考案したメニュー。現在のサラダ巻きやロール寿司の原型だ。

お楽しみの昼ごはん

「お昼はやっぱり宮崎うどんにしよう！」という全員一致に結論に、やすは「では、私おすすめの『おまるしんちゃ』にしましょうか」と提案。天野「おまるしんちゃ？　どう書くの？」。やす「小丸でおまるです」。飯尾「そうやって書くんだ⁉ 美味しい？」。やす「美味しいっすよ」。飯尾「また、一回も行ったことないとか言わないでよね〜（笑）」。やす「おまるはありますよー（笑）」。コシのある釜揚げうどんで有名な『小丸新茶屋』へ。正式名称は、宮崎おうどん処・寿司処小丸新茶屋。

舞鶴団地を散策

おかえり やすひで！

やすの幼少期を育んだ舞鶴団地。今から40年ぐらい前なので、変わった部分も多いが、当時の面影を残すところにやすも感激！ 小学5年生まで住んでいたという。

高鍋町蚊口浜

ハンバーグみたいな石を見つけた！

高鍋町にある蚊口浜は、人気のサーフポイント。ゆるやかな波質で全国からサーファーが集まってくるポイント。キャンプ場もあり、夏は海水浴場でにぎわう。やす「昔は天然の牡蠣が名物で、海に入ると足元にいっぱい牡蠣がいて、海水浴をしながら、マイナスドライバーを使って取ったりしてました」。

童心に戻って、記念撮影をしようと並ぶが、飯尾「やす、木の陰から出るなよ！」。やす「なんでだよー」。飯尾「ヤシの実だからだよ」。ウド「ヤシの実じゃなくて、ヤスの実だね～」。飯尾「ちょっと泳いでくれば？」。

高鍋大師

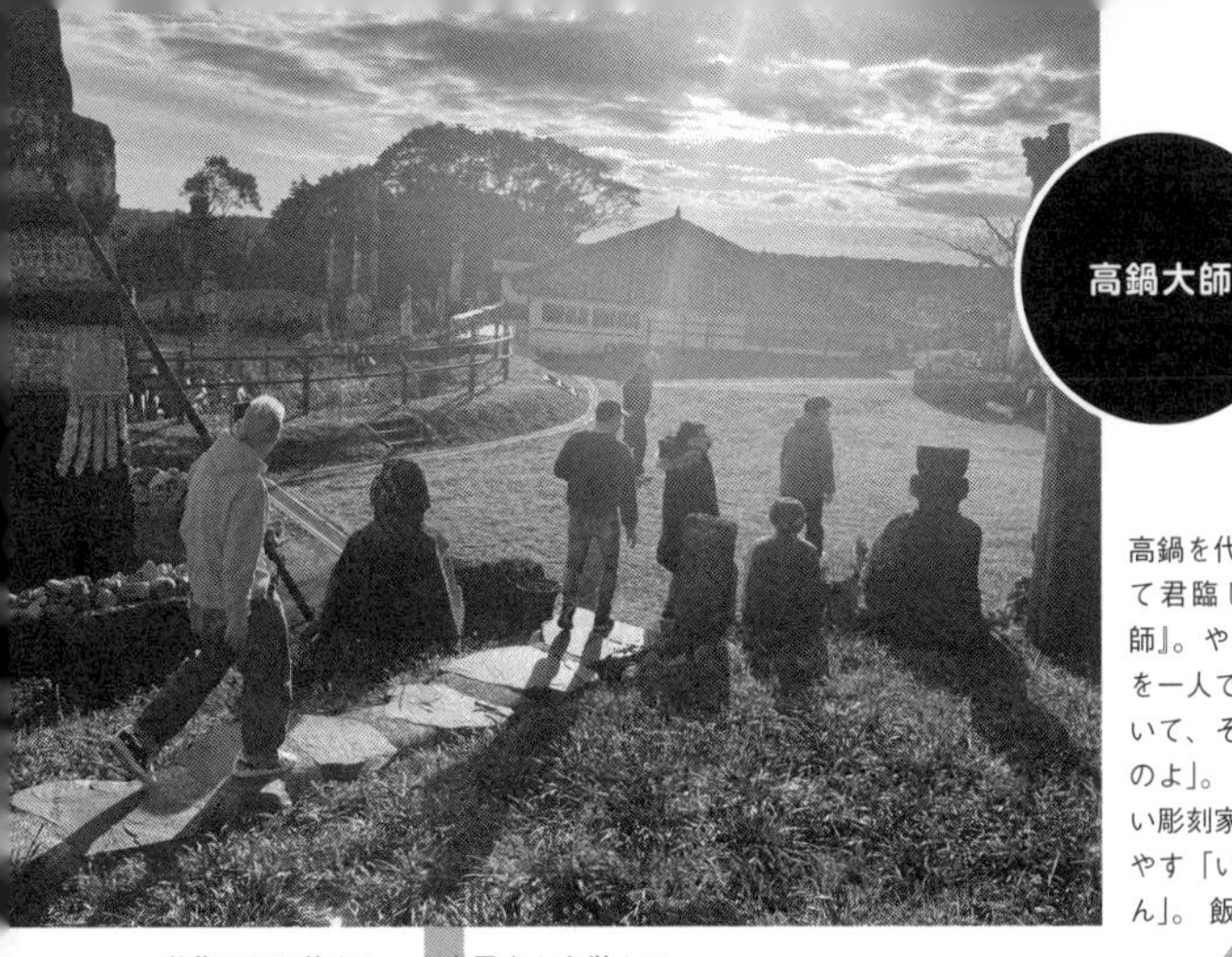

高鍋を代表する観光地として君臨している『高鍋大師』。やす「この巨大石像を一人で何体も作った人がいて、そこが名所になったのよ」。天野「ん？　すごい彫刻家の方かなんか？」。やす「いや、普通のおじさん」。飯尾「……」。

仏像は700体ある。お米屋さんを営んでいた岩岡保吉氏が、29歳で四国巡礼したことを機に仏像に興味を持ったそう。その後、75歳にして、当時相次いでいた古墳泥棒に心を痛めた岩岡氏が、古墳の霊を鎮めるために仏像を作り始めた。87歳で逝去するまで、自由な発想で作られた700体以上の石像は感動もの。

高鍋町の村田靴屋

やすの小学校時代の友人、こうきんくんのお店に立ち寄る。4人の訪問に感動したこうきんくんは靴をプレゼントすると言ったが、それでは申し訳ない4人は一足ずつ買い、急に靴が２足になった。

いよいよ、やすの実家へ

実家に到着すると、クールに振舞うやすだが、両親の温かいおもてなしに内心はグッと来ている様子。４人が入り口から事務所に入ると、母が４人に放った強烈なご挨拶。「わざわざこんな遠くまで、4人の中で１番売れてない息子の実家へようこそ！」。天野「いきなりの強烈なつかみ。思わず笑ってしまったね（笑)」。やす「生まれ故郷の高鍋町に、キャイ〜ンの2人と相方が来てくれて、４人で町を巡れて本当に嬉しい。この本がなかったら、おそらくこの4人で自分の故郷に来ることはなかったでしょう」。天野「本当にそうだよな〜（笑)」。ウド「もう！　すぐ来るよ〜」。やす「いつ？」。

父親が営んでいる『アイキ旗店』。もとは航空自衛官だった父親は、強面で頑固そう。理不尽なことを許さずに、部下をかばって不誠実な上司に立ち向かい退職した過去を持つ。その後に始めたのが旗店。作業場を案内し、これまでの作品を紹介。本来は職人気質なのだ。

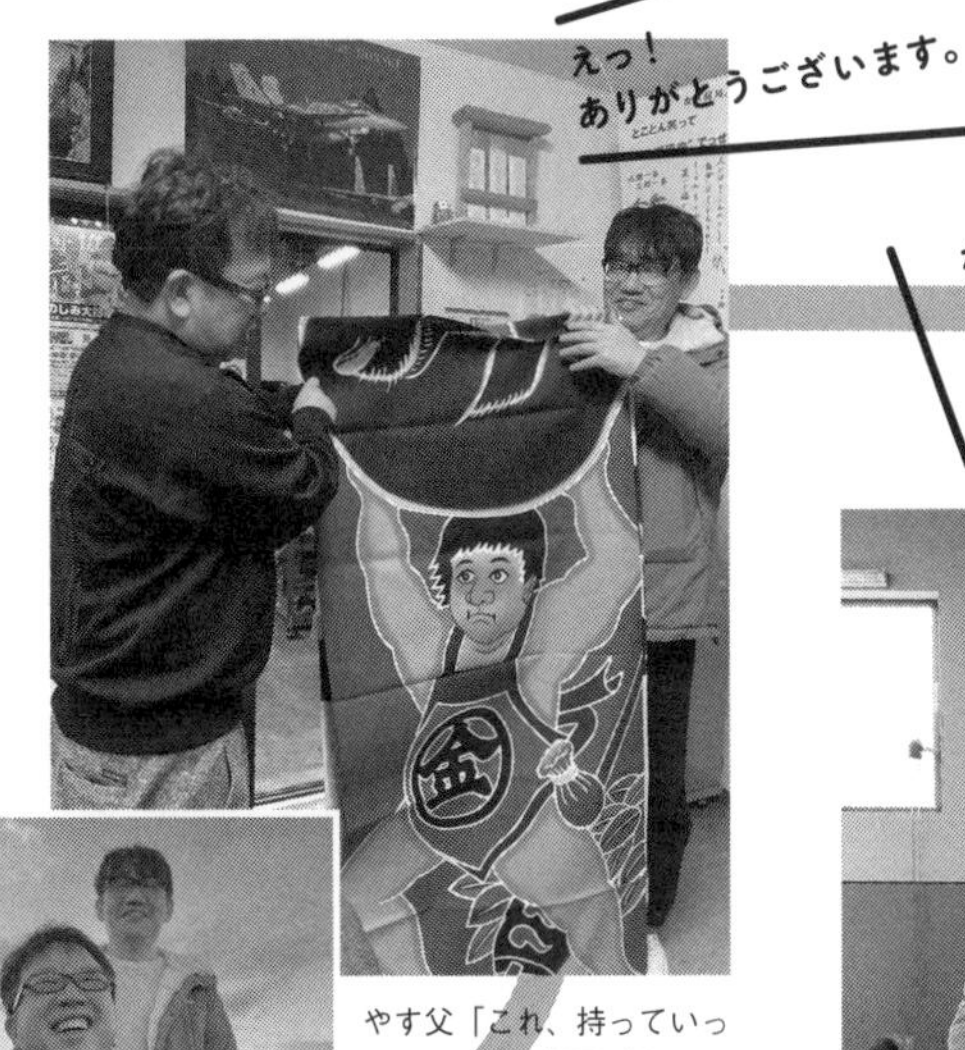

やす父「これ、持っていっていいよ」。飯尾「え！本当ですか！ ありがとうございます」。金太郎の大漁旗を譲り受ける飯尾。

アイキ旗店の裏の土手でツーショット。

天野「この場所で、このお２人のもとにやすは生まれたんだー、と。親父さんは旗を作る職人さん、作業場を案内してくださったら、立派な大漁旗が飾ってありました。昔は何度も刷って色を重ねて作ったけど、今は機械でプリントよ 、と少し寂しそうだった」。やす「思い出に残るというのは、こういう旅なんですね。ずっと噛みしめていられます！」。飯尾「やすが生まれてから上京するまで、０歳から18歳までの残像がありましたねー。 このきれいな風土が、やすを創ったのかと思うと笑いもし、飯の美味い旅でした」。

高鍋のデザートショップ『パティスリーオシカワ』で買ったケーキが絶品！　天野「クゥリスーマスキャロルがー♪　なーがーれーる頃にはー♪」。ウド「天野くん、タイトルなんだっけ？」。天野「ほとんど曲のタイトルだよ！」。

老舗ホテルでメリークリスマス

おやすみなさーい。雑魚寝？

＼翌日……／

やすがふるさと応援大使を務める高鍋町役場を突撃！　やす「アポを取るとかえって大騒ぎなのでサプライズドッキリしましょう」。町役場はやはり大盛り上がり。ウド「やすぽんのふるさと宮崎県高鍋町に、みんなでおじゃまして、私は思いました！　高鍋町は、やすぽんを町にしたような、とっても優しくて、あったかくて、面白パラダイスだと！」。感動していたところ、黒木町長ともご対面ができ、「いつもやすさんには貢献していただいております」というありがたいお言葉をいただく。「やすのほうが貢献してもらってんだろ（笑）！」と飯尾。

温泉

やす「温泉、入って帰ろーよ」、ウド「い〜ね〜！」と立ち寄ったのは、『めいりんの湯』。天野「メーイリンーゆぅ〜♪」。ウド「フン♪　フン♪ フ、フ、フフフーン♪（鼻歌）」。飯尾「その程度なら入ってこないでよ〜」。先に温泉に入るやす。

GOAL

実は今回の宮崎旅も、お支払いはじゃんけんで決定してきたが、旅の最後のラーメン屋さんでは、チッチのチーで勝負。負けたのは……やす！「俺、今回の旅、福島も宮崎も、一回も支払いが生じてない！」と勝ち星ばかりを誇る飯尾。やすは「昨晩の夜のご飯はウドちゃん、温泉は天野くんが支払ったくらいで、他はすべて僕。宮崎は僕の地元なのに……。地元じゃ負け知らずどころか、地元じゃ負けばっかりですわ（笑）。もう！」とおかんむりの様子。天野「いやあ、宮崎はラーメンもうまいねー」。やす「天野くん、ここ佐賀のラーメンだから」。ウド「悲しいサガ〜♪」。遠くを見つめる飯尾。

「やすの実家に行くのはどお？」

天野の発言から広がった宮崎旅。ウドも「うん、俺も宮崎・高鍋の焼酎が飲みたい。美味しいんだよ。行きたいね」、飯尾も「俺は、やすの少年時代の残像を見に行きたい！」。その思いに、やすも「3人にぜひ、私の地元を見てもらいたい」と快諾。旅はとても充実し、予想外の展開に……。宮崎うどんを食べて、高鍋町の海岸で戯れ、美味しいものを堪能し、やすの実家近くの老舗ホテルにて4人一部屋での就寝と、まるで思春期の修学旅行のような旅に。しかも、その日はクリスマスイブ……。

クリスマスの少しセンチな思い出

飯尾「そういえば、4人で過ごすクリスマスイブは初めてだよね。誰かの家で3人のクリスマスを過ごしたことはあったけど、いつも誰かが抜けてたような？　あれっ!?　ヒー坊とクリスマスイブを過ごすのは初めてじゃない？」

天野「当たり前だろ。なんでせっかくのイブをお前たちと過ごさなきゃいけないんだよ！」

ウド「えっ、僕たちは結構一緒に過ごしていましたよね。飯尾さんと女の子を2時間待って、結局来なかったことがありましたね～」

飯尾「それもあったねー。5分過ぎて、来ない、あれ？　10分経った。あれ？　そのくらいまではワクワクしてるんだけど、20分経って……。30分。近くの道に迷ってるのかな？　って、お互いに顔を見合わせるんだけど、そんなワケないだろって（苦笑）」

ウド「きっとキミは来ない～♪」

天野「ははは」

飯尾「ホント、その曲を聴くと思い出すよ。あと、あのCMをヒデキとふたりでテレビを見ながら缶ビールを飲んでいた記憶があるね。ホント来ないな～って」

ウド「飯尾さんの誕生日が12月22日で、そのお祝いをしようとレストランに行ったら、その日はもうクリスマスディナー仕様になっていて、お店に入ったはいいものの、キャンドルの灯りに照らされながら見つめ合っているカップルばかり。店員さんも、僕らを見て笑ってたよね。また、キャンドルの灯りに照らされる飯尾さんの顔が面白かった」

飯尾「お前の顔も、同じキャンドルのやさしい灯りに照らされてたんだよ。で、さらに大変だったのが、最後のデザート。パフェに花火が刺さっていて、パチパチと火花が出ていて。早く消えてほしくて、ふぅーふぅーって息吹きかけて消そうとしたんだよ」

やす「みんな～、よくクリスマスの思い出あるね～。俺はクリスマスなんか意識したことないから。クリスマスは、ただの年末の平日だよ」

……長い沈黙。

店員「お待たせしました〜」

天野「おっ、来ました！　奇跡の鶏刺し5種盛りが」

ウド「♬きっと、キミは来ました〜♪」

やす「来ました！　鶏刺し！」

飯尾「この店、来店したことあるんだっけ？」

やす「『マツコ&有吉 かりそめ天国』で、俳優の藤岡弘、さんがどぶろっくの2人を連れてきていて。それ見て自分の地元の地元だから、このお店に行こうと」

天野「あれは笑ったねー。藤岡さんの渋い声で、どぶろっくの下ネタ曲を歌って、アッハッハって笑うやつ」

全員「アッハッハ」

天野「しかも途中、感動して涙が出てきたと、どぶろっくの江口がいつものネタで、パンティーを出して涙を拭くんだけど、藤岡さんはそれがパンティーだとは気づかず。江口が気まずくなって、そそくさとポケットにしまったという(笑)」

やす「そう。『本当かわいいなー、お前はー』って、江口の頭をよしよしして、江口も言うに言えなくて(笑)」

天野「ウドちゃん、今パンティー、持ってる？　汗、拭かないと！」

ウド「はい。パンティ〜ですね(ポケットから取り出すマネ)。なかったです。ノーパンティ〜です」

やす「ノーパンティーでフィニッシュ！」
飯尾「やす、同じことを言ってるだけ（笑）。やす、このページの1行返せ！」
天野「パンティーで思い出したんだけど、ドリフターズさんもそういうの、やってたよなー。あれはお風呂コントだっけ。今ではできないだろうけど、お風呂の脱衣所で忍び込んで、パンティーを拝んでいたら、シワシワのおばあちゃんたちがお風呂から上がってくるというコント。あれ!?、あのおばあちゃんが履いたのー!?　って顔して、♪ドデドデドデ～」
飯尾「すごいコントだよなー」
天野「そんな時代でしたね」
ウド「ハッピ～クリスマ～ス！」

飯尾「ハッピ～クリスマ～ス！」
天野「いきなり（笑）」
やす「すみませーん（店員さんを呼ぶ）。山形の日本酒で、上喜元（ジョウキゲン）をくださ い。あと、お水もください」
天野「（店員さん風に）すみませんねえ。今日、ちょっと上機嫌はないです。ご機嫌斜めならありますけど」
やす「ハハハハ。乾杯～」
天野「まだ誰も飲み物を頼んでないんだけど……」

4人でやすの実家に突撃 〝とにかく幸せ〟

飯尾「いやあ、本当に今日は、やすの実家を訪ねられてよかったなー。しかも、4人で」

やす「4人で自分の実家は、考えられないですわ。しかも、この歳で4人。ありがたいし、嬉しかった！」

ウド「本当に幸せです！　僕、今回こうやって本を書く機会をいただいて、いろいろ考えましたもん。今回のやすぼんのふるさと巡りは、ほんわか幸せだらけでした」

やす「いやあ、本当に。幸せですよ。このメンバーで集まれるの。2023年を振り返ったら、健康にゴルフもできて本当に幸せ」

飯尾「し、し、仕事はー！」

やす「仕事？」

天野「しかも、急に1年を振り返っちゃったし（笑）」

飯尾「でもさ、仕事といえば、キャイ〜ンの2人がNHK紅白歌合戦に出るの、25年ぶりだっけ？　前回が25年前、今また紅白に出演する2人を思うと、ぞくぞくしてくるね」

天野「それこそ運がよかったんですよ」

飯尾「運もあるかもしれないけど、何もしないでボーッとしているだけで紅白に出られるんだったら、20代のころの俺とやすは5年連続紅白出場。しかも、トリもとっているかも。でも、ヒー坊とヒデキの2人がちゃんと動いているから、運が回ってくるわけで」

天野「そうね。デビューして十何年かはずっと走っていて、めちゃくちゃ忙しかった。忙しいけど、忙しいとも感じてないんだけど」

ウド「昔は体力がありましたからね〜！　僕

は今回の紅白出場も、千秋ちゃんと内村さんにおんぶに、抱っこに、ねんねで、感謝でいっぱいです！　千秋ちゃんがYouTubeを開設して、〝登録者数が100万人突破したら、ポケットビスケッツを復活させたい〟って、がんばってくれて、内村さんも〝千秋ちゃんの歌を皆さんに届けたい！〟と、いつも思って　見守って応援してくれています！　お二人がずっとがんばって行動してくれたからこその賜物（たまもの）で、僕は便乗してるだけなんです～！」

飯尾「それを便乗と表現するなら、便乗できるポジションにいるってことがすごいじゃない」

ウド「それは生きているから。生きていなかったら、千秋ちゃんと内村さんを空から見守りたい！」

天野「生き死にの話になってるの（笑）？　まあ、それを突き詰めたら運がよかったんだよ、やっぱり。だってあの時（ウリナリの時代）、あそこに出ているのは俺たちじゃなくてもよかったかもしれないじゃない」

やす「でも、やっぱり2人はあそこにいるよ」

ウド「僕らはね。これまでブームになったこともない、ムーブメントにもなったことがないんですよ！」

やす「ブームはあったよ」

ウド「僕らはデビューしてから、ムーブメントにはなれず、乗れていなかったと思います。

大きなお笑いの流れからすると、主流ではなく、むしろアンチな感じだったかなぁと思います。めちゃイケ(『めちゃ×2イケてるッ!』)でも、ボキャブラ(『タモリの超ボキャブラ天国』)でもない。〝みんなで行くぞ~!〟って感じではなかったというか、〝自分たちは今、どこにいるんだ?〟と考えていたような気がしますね~! そんな中で、大好きな先輩の出川哲朗さんや親友のよゐこのぐっちょんとありのっち、王子(香取慎吾さん)と出会えて、ありがたかったですね~!」
天野「ひとつの大きな山に乗ると、そこが中心みたいになっちゃうから、それはどうしようかって、ウドちゃんと相談してね。『ウリナリ』は大きな山ではあったけど、いずれ自分たちも自分たちの山をつくっていかないと、と考えていたかな」

通ってきた道は違うけど目指すところは一緒

ウド「考えてみると、出会った頃から天野くんは誰の懐にでも入っていけるよね。昔、柔道やってた?」
やす「それ、俺だよ」
飯尾「ヒー坊は軟式テニスだよ」
やす「軟式テニスって、サーブの時、上から下にカットするよね」
天野「そっちの話を膨らませるのかよ」
飯尾「確かにヒー坊が苦手な人、ヒー坊を苦手な人を見たことがない!」

天野「いるんだろうね。気にしてないっていうか、みんな人間だっていうのと、こっちが嫌いにならなければ向こうも嫌いにならないっていう考えはある」

飯尾「俺は初対面の人にはどこか縮こまっちゃうことがあるんだけど、ヒー坊は大先輩にも最初から、かます、かます(小堺さんに笑)『何言ってんだ、生意気だな、天野』ってツッコまれても、知らない間に懐に入る術があ る」

天野「そうねえ。先輩と絡むのが好きだし、後輩もまったく苦手ではないかな」

飯尾「キャイ〜ンが23歳の頃のテレビの現場は、9割が先輩だった。それだけ注目されるのが早かったってことか……。ご苦労さま」

ウド「天野くんは『ご飯行こうよ!』って、先輩に誘ってもらえる可愛さがあるし、先輩と絡んでも面白いんですよね〜! 後輩からは、『天野さん! ご飯連れて行ってくださ い!』って慕われる懐の大きさと、後輩と絡んで面白いんですよね〜!」

天野「ウドちゃんだって、後輩との絡み、面白いじゃないの。困らせるというか」

ウド「本当に困ってるんじゃないの?」

飯尾「俺から見ると、ヒデキは上の人との絡みが向いてる。上の人がヒデキをからかって、それでヒデキが『ちょっとやめてくださいよ〜!』って甘えてさぁ、それで上の人が笑いながら、『なになに? ウドォ〜!』って感じで可愛がられてるよね。後輩とも、なじめば深いよね。ちなみにウンナンさんの内村さんが本気で注意する時は、『ウド』から『鈴木くん』になるよね！」

天野「確かに『鈴木くん』と言うのが内村さんで、香取くんは『ウッディ〜』から『ウドさん』に変わるよね！　あと後輩だと見てて相性がいいのは、かまいたちの2人かなぁ」

ウド「かまいたちさん！　ありがたいですね〜！　僕のことをわかってくれる後輩の人には思いきり甘えちゃうけど、天野くんみたいに後輩を活かすことができないんですよ〜！活かしたいです！　後輩の人を活かしたい！活かしたいライセンス！　なんとかなりませんか？」

天野「なんだよ〜、活かしたいライセンスって（苦笑）。活かせる人になりたいってことでしょう？」

ウド「たしかに、活かせる人にはなりたいんだけど〜。昔、僕がたくさん困らせてしまった人たちに、今この歳になって、改めてお会いしてみたいですね〜！　今だったら、どう接することができるんだろう？　って、どういう仕事ができるんだろうって思いますね〜！　恩返しできるかなぁとか、あと、若い芸人さんやディレクターさんとも接してみたいです！　どんな感じで仕事ができるかなぁ？　自分はどんなふうに見られるのかなぁとか、気になりますね〜！　皆さんは、最近バラエティーの現場ではどう若者と接していますか？」

飯尾「うーん。キャイ～ンの2人と、ずんは違うかもしれないね。まださ、見てる景色が追いついてない気がする。ヒー坊とヒデキだったら、こう思うのかなーとか、この仕事もやってきたんだろうなー、こんな風景も見てきたんだろうなーって現場で想像している」

ウド「いえいえ。昔と今だと時代的にも少し違ったりするのかもしれませんね～。天野くんみたいにキチンとネタを構築するタイプと、僕みたいにひたすら人に甘えて乗っかるタイプでも違ったり。あ～、考えてみると、若い頃から関根さんや小堺さんや、たけし軍団さんや、たくさんの先輩にお世話になって、ありがたい時代を天野くんと生きてきたのに、

僕は何もしていない！」

飯尾「何もしていないと言いながら、ずっとその瞬間にいたじゃないのよ。走ったり動いたり」

ウド「僕は優しい人について行ってるだけで、自分はなんだったのかって考えてます」

天野「自分はなんだったのかって、そこまで考えてたの？」

ウド「これまでさまざまな出会いがあって、出会った人みんなに、いい面があるじゃないですか。だから、一度は接してみたいと思うようになりました」

やす「自分も最近、いろいろなことが勉強になるって思えるようになりました」

天野「旅してたのかよ」

やす「前だったら腹の立つことでも、たとえば、喫茶店で大声で電話しているマダムがいて、前はイライラしてたけど、こういうワードを口にするんだなと、観察に切り替えられるようになったですね」

飯尾「っていうか、自分の話かよ。ヒデキの熱い思いに対しての感想とかじゃないんだ」

一発ギャグにも
最上級のクオリティーを求める

飯尾「さっきの話に戻っていい？　ヒー坊がかますって話。今気づいたんだけど、俺もかます時はあるよ。顔芸で。あっ！　みたいな（口をあんぐり）。やすはどう？」

やす「なんの話ですか？」

飯尾「えっ、いなかったっけ？」

天野「ほら、旅してたから」

やす「ちゃんと説明してくれないと……」

天野「やすは、芸人としてこれからどうしたいの？」

やす「自分はしょうもないことをずっと言っていきたいなというのはあって。ていうか、しょうもないことしか言えないしね」

天野「そうだよな〜」

やす「おい。俺の謙遜(けんそん)を返せ。ただ、しょうもないことを言うのが好きなんだよ。それで、この世界で生き残っていくにはどうするかを基準にやっているんだよ」

ウド「やすぼんはオールマイティーじゃないの〜」

飯尾「認め合う二人」
やす「俺はオールレーズンが好きだよ。東ハトの」
天野「あれ、オールレーズンっていうけど、クッキーの部分があるよね」
ウド「あれ、全部レーズンで、できてないよね」
飯尾「あれはコーヒーより紅茶が合う」
天野「でもさ、やす。『カンコンキンシアター』の流れで、飯尾くんが世に知れ渡って、売れっ子になるまで熟成期間が必要だったのよ。そう考えると、世の中に浸透するまでにズレがあるんですよ。今、カンコンキンでは、やすがドカンドカンとウケてる。有吉くんも最近やすのことを面白がってるし。これがジワジワときたら、爆発するのよ。その時にやすがどう動くかが大事。たぶん順番はまわってくると思うから」
やす「最近ありがたいことに、自分のことを面白がってくれるスタッフの方がいてくれて。これ、頑張れるといいですね」
天野「お前のことだよ」
飯尾「でも、ヒー坊の言う通りだよ。そういう時期に来ているかもな」
ウド「昔、『カンコンキンシアター』と、小堺さんの『小堺クンのおすましでSHOW』の中間の若手だけでやる舞台があったじゃない？　あの時、やすぼんがやった大喜利、めちゃくちゃ面白かったです。やすぼんがズバ抜けてウケてるし、『うわー、いいなー。芸人冥利に尽きるなー』とうらやましかったもの。やすぼんみたいな人、いないでしょう？　やすぼんが持つ芸人の源と人柄を合わせたら、怖いものなしですよ」

天野「俺らと同じようにやる必要はないしね」

やす「でも、芸人さんとして最低限クリアしなければいけないラインってあって。そこはクリアしないと、次の仕事はもらえない感じはあるでしょ」

天野「共通テストみたいだな（笑）　やすの考える最低ラインって何なんだよ？」

やす「最後…面白くして終わる」

天野・ウド・飯尾　大爆笑

天野「それは当たり前だろ！」

飯尾「それは仕事として前提としてあるんだよ。やす、それが仕事なんだよ」

ウド「やすぼんは笑いの源泉かけ流しだもんな!!」（父・紀夫の表情で）

天野（ささやき口調で）「どういうことだよ～」

——飯尾は天野を見る、天野も飯尾を見ていた……。

ウド「温ったまるよね～」

やす「温ったまるって、嬉しいな～！」

天野（やすの頭頂部を指差しながら）「入ったらツルツルになりそうだもんな」

——やす、頭を右にずらす。

天野、それを指で追う

やす、さらに左にずらす

天野、さらに追う

やす「俺はメトロノームか」

天野「そんな正確じゃねぇよ」

やす「アハハハ。まぁ、相方に『やす、ポッチポッチ』って引っ張ってってくれるからありがたいです」

天野「ポッチポッチ？　ハッチポッチステーションじゃないんだから。こっちこっちだろ。まあ、飯尾っちが注目されて売れっ子になったのには理由があって、運だけではそうはならない」

やす「このあいだの天海祐希さんと友近さんと3人でやっていたライブも、すべてフォローして自分も笑いをとって。アドリブでお見事でした！　いや〜すごい」

飯尾「気持ち悪いよ(苦笑)。そして思ってないだろう(笑)」

天野「何か困ると、異常に相方を褒める。やす、ちょっとウドちゃんと似てきたね」

ウド「さすが、天野く〜ん」

やす「さすが、飯尾く〜ん」

飯尾「サイドハゲの真似すんなよ。このトップハゲ」

やす「やったー。ツートップだ」

天野「ワントップだよ」

……長い沈黙

やす、黙って急にメニューを開く。

愛知の海沿いでキャイ〜ン'sカフェ開店？

ウド「将来、僕はビジネスチャンスがあるって占いで言われたんだけど、何があるのかなあ。天野くんに乗っかって、何か事業やるのかなー。天野くん、何かある?」

天野「ビジネスの話(笑)」

飯尾「何かある?って、自分で考えてないってことじゃない(笑)」

ウド「僕はね、天野くんとカフェをやるのが夢なんですよ。昔は、天野くんにその話をすると、それは夢だねって答えてた天野くんが、最近は、ウドちゃんやろうかって答えてくれるんですよ。嬉しいですね〜! もし、カフェをやるとしたら、片岡鶴太郎さん主演のドラマ『季節はずれの海岸物語』みたいなのに憧れますね〜! もしかしてだけど、天野くんの出身の愛知の海あたりでやる可能性ありますかね? 僕、東海道線で通います!」

飯尾「通うんじゃなくて住みなさいよ」

天野「そうよ〜、通いじゃ大変だろ」

ウド「東京駅から乗るから!」

飯尾「しかも鈍行って、通勤時間かかりすぎじゃない!?」

天野「とりあえず、まださ、このお笑い界でもやることがあるからね」

やす「うわー、このサラダ、美味しい(サラダをもぐもぐ食べながら)。こういう美味しいサラダをカフェで出してくださいよ」

天野「サラダに夢中じゃないかよ」

飯尾「で、サラダに夢中なやすは、将来、他に夢中になりそうなことあるの?」

やす「いつか猫を飼いたいっていう夢があっ

たんだけど、今、飼わないとギリギリなんですよね。猫は寿命が20年くらいというから、子猫を飼ったら僕は74歳。育てるには、今、飼わなきゃ！　保護猫ちゃんのところに行ったら、断られる年齢なんじゃないかって心配」

飯尾「暗いよ、話が……」

やす「全然暗くないですよ。明るい未来に向けて、今猫の餌の『チャオチュール』を買って、猫はいないけど猫に餌をあげる練習をしているんだよ」

飯尾「真っ暗だよ。ダークナイト」

やす「ハハハハ。暗い(笑)。そういえば、先日よくお世話になっている映画監督の方にも言われて、自分でもびっくりしたんだけど、撮影中にごくごく普通の感情で演技をしてカットがかかって。そしたら、その監督から『やすさん、表情が暗い暗い。何か嫌なことがあったように見えますから。家族が仲悪いのかなって思われるんで、明るく！』って指示があって。普通の顔が相当暗いらしいです、わたくし(笑)」

ウド「この歳になると体の話とかにもなるし、暗くなるのわかりますぅ。でも、猫を飼うのはいいんじゃない？　可愛いな〜」

やす「確かに可愛いよね。ウドちゃんも可愛いよね。ウドちゃんを飼おうかな」

ウド「ニャイ〜ン」

天野「若いうちはやりたいことを何でも挑戦できるけど、50代になるとそこにやり残したことはないのかっていうニュアンスが入ってくるんだよね。まだ俺はやり残していることがあるのでは？　と。でも、やれることとやれないことが出てきて、俺は単純に富士山に登りたいなとか、フルマラソンも一回くらいやっておきたいと思うけど、体力的にできるのかな？　とか」

飯尾「あとさ、俺たちが学生時代に聴いていたアーティストたちのコンサートに行けたらいいなって思うわけよ」

天野「それそれ、わかる！　俺は浜田省吾さんのライブに行こうとしたら、浜田さんがインフルエンザになっちゃってライブが延期になって行けなかったの。玉置浩二さんはもう行ったよ」

ウド「来年、僕は生きてるかわからないから、やりたいことをやりたいね。ネガティブな意味じゃなくて一年が早すぎて、あっという間。一生懸命生きてるんだけど、時間が追い越していくんです。もし魔法が使えるとしたら時間を止めたいです」

天野「でも、ウドちゃんの発言のあとによく時間が止まることがあるじゃない？（笑）」

やす「あっ、俺も時間を止めることがよくある。ウドちゃん、俺たち魔法使いだね」

ウド・やす「ニャイ〜ン」

飯尾「しっしっ、野良猫」

……しばし、時間が止まる。

これからもそして未来も健康でいたいと思う

天野「これからも、まずは健康でいないといけないよね。そういう健康管理は、この中ではやすが一番やってるよね」

やす「ですね。血圧測定は毎朝。不整脈があるので脈のチェック。塩分1日6グラム以下。お酒をガバガバ飲まない。不安になったらアロマを嗅ぐ。やることだらけですわ」

飯尾「お笑いメディカルチェックが入っていないんだけど」

やす「まずは健康でしょう」

飯尾「そうだよな〜。俺が一番やってないかもなー。夜中に甘いものを食べちゃう」

ウド「甘いものは食べたくなりますから、いいじゃないの」

飯尾「夜中だよ? しかも、クッキー1枚にしておこうと袋をしまうんだけど、ついつい開けて全部食べちゃったりして後悔(苦笑)」

天野「俺、そこは我慢できるんだよなー。なぜなら、朝に美味しくご飯を食べたいから。間食すると、ご飯が美味しくなくなっちゃう」

飯尾「そんなに我慢して、そのボディだったら、もっと我慢しなくちゃ」

――チキン南蛮のタルタルを、そっとよける天野。

ウド「早速我慢する、さすが天野くん!」

やす「体が強くて健康は、ウドちゃんよ。風邪ひかないでしょ」

天野「暗にバカって言ってるような(笑)」

やす「そうだったら、申し訳ない」

天野「ウドちゃんはさ、10年以上前に、鼻水ジュルジュル出ててさ、咳も我慢している風だった時があったんだけど、『天野くん、僕、風邪っぽいのかな?』って聞かれたから、『風邪だよっ!』って答えたことがある」

ウド「アハハハ」

天野「でも、それは俺も一緒で、昔40度くらい熱があったんだけど、気づかずに仕事をしていたことがあった。家に帰ったらドッと疲れが出て。昔って風邪でも働くみたいな風潮あったよね?」

やす「天野くんも現場で体調悪そうな時を見たことない」

飯尾「って、やすは現場で会えないじゃないか」

やす「おい!」

天野「ハハハ」

ウド「僕はすぐお医者さんに行くタイプ。だから奥さんに、『あなたはすぐお医者さんに行くから大事にならない、優秀です』って」

飯尾「褒められるの?」

ウド「はい。それは中学生の頃からで、当時は母に褒められました」

飯尾「やすは季節の変わり目に体調を崩すイメージ」

やす「そうそう」

飯尾「だからこそ、健康に気を使ってるんだけど、すごく寒い時に薄着で現場に来たりするから矛盾してるよね」

やす「ハハハハ。歩くと暑くなったりで難しいのよ」

天野「服って、そういうもんだよ。俺はキャイ～ンライブの後だけダウンする感じ。あと過度なダイエットをした後に体調が悪くなったりしたけど、今ではまったくもってなにもない(苦笑)。ただいろいろな数値だけは悪い。ウドちゃんも滅多に悪いところを言わないから、ウドちゃんが先日、『膝が痛い』って口にした時は、本当に痛いんだなって思った(笑)」

ウド「痛かったな～、あれは」

やす「キャイ～ンの2人は、本当に体が強いイメージがあるけどな」

天野「昔はね。睡眠時間も少なかったけど、寝不足を感じたことはなかったかな。でも、最近は子どもと遊んでると、つい寝落ちしてることがある」

飯尾「翌日に疲れを残さない方法をどうするかは大事。最近いろいろ考えているけど、家に帰ったらスマホを置いて、仕事の連絡以外は見ないことにしたんだよね。前はスマホを片手に布団に入って、映画を観て寝落ち、ということもあったんだけど、それはよくないと周りに言われて」

天野「ブルーライトや電磁波がいけないって、よく聞くよね。やっぱり寝ることは大事だから。大谷翔平選手なんて10時間以上の睡眠なんだってね。あんなに若いのに、たくさん寝るんだから」

ウド「大谷選手みたいに僕も10時間くらいは寝たい」

天野「大谷選手は起きてる間、とことん野球をやって筋肉を動かしてるから、たくさん休ませるために寝るんだよ」

ウド「僕も起きている間は、死ぬほど生きてるんですよ」

天野「ふ～ん」

ウド「『ふ～ん』？。これじゃ今晩寝れないよ～！」

やす「そろそろ地鶏の炭火焼、頼みましょうか？ 柚子胡椒(ゆずこしょう)で美味しいですよ～」

飯尾「あと、すいませーん。ガーリックポテト、チーズの包み揚げ、大人のスパイスチキンカレーください！」

店員「申し訳ございません。カレーが終わっちゃいまして」

天野「カレー終わっちゃったか～。飯尾っち、落ち込んじゃうね。カレーと焼鳥が一番食べたいって言ってなかったっけ？」

飯尾「シメに食べたいのはカレーだったのよ～。じゃあ、味噌焼きおにぎり、2つください」

天野「切り替え、早っ」

やす「さんざん食べたのに、けっこう頼むなー。健康の話をしてるのに(笑)。しかも、ホテルの冷蔵庫にケーキがあるんだよね。おっきいのが」

飯尾「いや、いいんだよ。今日はクリスマスだから」

やす「でも、本当に最高のプレゼントをいただきました。うちの両親もめっちゃ喜んでましたもん。今回の宮崎旅、みんな来てくれてありがとう！」

飯尾「そういえば若かりし頃、ヒデキとクリスマスイブの夜にじゃれあってつねり合ってたら、いつの間にか本気になって、喧嘩（けんか）になり、投げ飛ばされたことがあったよな。しかも外で。マンションの住人のおばさんが窓から、『今日はクリスマスイブよ。おうちに帰りなさい』と言われて、我に返って『は～い』と言って帰ったことがあったよね」

天野「それでいったら、俺もウドちゃんに投げ飛ばされたことがあるよ（天野の章35ページ～に詳細記載）。ウドちゃんと喧嘩したことないの、やすだけじゃないの？」

やす「一度もウドちゃんとはないね～。ウドちゃんの言ってること、全部あってるからね」

天野「まあ、基本良い人だからね。でもね、今は体重が重いから、もう投げ飛ばすのは無理だろうけどねっ、ウドちゃん。あれ、ウドちゃん？　反応がない。寝ちゃってるんかな（笑）」

ウド「（ムクッと起きて）いえ、寝てないです！」

店員「お待たせしましたー！　親子丼3つと、ぞうすい2つと焼きおにぎり2つになります」

天野「今店に入ったばかりの人たちの頼む量だよ(笑)」

◉やすの章
今のやすが出来上がった、
いくつかの事柄

ゴルフは多くのことを教えてくれる

今一番の趣味はゴルフ。本当、楽しい。

ゴルフができるなんて、ありがたい身分になったなあと思う。

毎回ゴルフ場に行って、ラウンドするたびに噛(か)みしめている。

すぐに調子にのる人間なんで、「当たり前じゃないんだぞ！　当たり前じゃないんだ」と何度も自分に言い聞かせて、ひとつのホールが終わり、次のホールに行く前にグリーン側から逆にホールを眺めて、

「いやーいい景色。幸せだなあ、ありがとうございます」

そして次のホールに行く。そんなことを心掛けている。

ゴルフ場に行かれた方はわかると思うが、あの空が抜けて緑がいっぱいで開放感抜群の景色。景色がよくて気持ちがいい。

ゴルフ場はパワースポットだと思っている。

パワースポットの中で遊ぶ。ひとホール、ひとホールを頭と身体を使って攻略する。難しくて思った通りに行かないことのほうが多いが、それがまた楽しい。毎ショット、毎ショット、一打一打、あーだこーだと言いながら悔しがったり喜んだり、時に腹を立てたり。さすがに泣きはしないが、一日のゴルフで喜怒哀楽すべての感情が芝生の上で出るスポーツだ。

本当にゴルフの世界に引き込んでくれた事務所の先輩である関根勤さんには感謝している。

浅井企画のゴルフ好きの若手は皆、関根塾出身だ。今も毎週のように誘っていただいて、ゲラゲラ笑い話をしながらも、プレーは真剣に、一緒にゴルフさせていただいている。

関根さんのゴルフは、面白ポジティブゴルフ。ミスショットが出ても笑いながら、「あー今、スケベ打ちを忘れてたー!! くそー」。関根さんが編み出された打法で、クラブのヘッドをちょっと立てて打つから、スケベ打ちだそう(笑)。本当に毎回毎回勉強になっている。

ゴルフをやっててよかったことは山ほどあるが、そのうちのひとつに「自分のことがわかる」がある。

普段の生活では出ない、もしくは出ても気付いてない自分自身が、ゴルフ場だと現れるのである。

えー、俺はこんな一面があったんだと、びっくりする。

そのひとつに、「実はせっかちだった」がある。自分では自分のことをせっかちだとは思ったことは一度もなかった。クラブのスイングを早くすませようとするというせっかちさがある。ゆったりとクラブを振れないのだ。

今もクラブを振り上げて、上で止めて心の中で「イチ、ニ」と数えてから振るようにしているが、毎回心の中でもどかしくて身体が先に動こう動こうして早く振ってしまう。とにかくクラブを早く振ってしまう。

子どもの時から染みついていたのだと思う。これ、ゴルフやってなかったらわからなかったこと。

思い返せば、ずんの2人でロケに行って、ロケ先で楽しくなってしまい、目に入ったものを思ったまま次から次へと発言して、ロケが終わったあとに相方から、「やす、俺が話し終わってから自分の話をしてくれる？」と優しく諭（さと）されたり……。

会話の基本中の基本、相手の話が終わってから話す。

自分の目の前のことをとにかく早く済ませたいという性格。

ロケのカメラの前だから慌(あわ)てているかと思っていたが、そうじゃない。人の話を待てないのだ。せっかちで。

今もロケ中に、ずっと言い聞かせている。

「相手が話し終わってから、相手が話し終わってから」と。

やす52歳、「拗(す)ねる」に気づく

ゴルフをやっていてわかったことに、「自分は拗(す)ねる」というのもある。

54歳のおっさんが拗ねる。恐ろしいことだ。

この拗ねるというのがわかって、本当よかった。これがわかって生きていくのと、わからないまま生きていくのでは大違いの人生。それほど大事なことが、ゴルフをやったことでわかった。

今、54歳だけど、52歳の時にわかった。

裏を返せば52歳までわからなかったのである。思い返したら、子どもの時からずっとあった感情、ずっと振り回されていた感情。その正体がゴルフをやったことでわかったのである。

これは、大きな収穫!! それは特別なことが起こったというわけではなく、ふとした時に、「あーそうか、これそうか」と気付いたのである。

関根さん、ジョニ男さん、後輩の江波戸と4人でラウンドをしていた時。池超えのドライバーショットで、自分以外の3人はナイスショットをし、自分だけ池に入れてしまうミスショット。

3人は自分のことを励まして声をかけたりしてくれるが、自分の中ではモヤモヤーとした、ふてくされたような、泣きそうな感覚感情でいっぱいになり、表には出さないものの心の中では「自分だけうまくいってない。自分だけ思った通りにいってない」ために、ずっとむくれて拗ねている。

その時の感情が過去から綿々と続く感情と、その瞬間繋(つな)がったのである。

「あれ？ この感情、ずっと自分の中にあったなー。この感情、ずっとあった。これ、

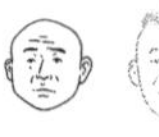

あれだ。これ。拗ねてるんだな、俺は!!」

小学校1～2年の頃、公園でいとこのお姉ちゃんとその友だちと遊んでいる時に、何か自分の思った感じと違っていることがあり、かまってほしさからずっと黙ってむくれていた。お姉ちゃんたちがそれでも優しく話しかけてくれているのに、ひと言も口をきかない態度をとり、困らせて自分に気を引こうとしている時の感情……。そこにビタッと繋がったのである。

過去に女性と食事した際に、やはりその女性が自分にイメージしていた女性の言動と違い、自分の思った通りに会話も進んでいない。そのことでだんだんと投げやりな態度になり、勝手に一人だけふてくされている時の感情とも繋がり。

バラエティー番組の収録の時、自分で事前にこういう流れになるんじゃないかなあと勝手にシミュレーションをし、経験値も技術もないのに、どこかその通りにいくんじゃないかと思っている自分がいて。これが、たち悪い。当然その通りにはいかず、目の前のことに対応できるわけがない。それなのに、ただ自分が思った通りにいってないことからくるモヤモヤした感情に支配される。そして、その感情に支配されたまま収録は終わっていく。その感情とも繋がり。

これらすべてが拗ねていたのである。自分の思った通りになってないから拗ねる。

これが間違いなく自分の中にあるのである。

漠然とは感じていたことなのだが、ゴルフを通してはっきりと判明したのである。

人生の中のさまざまな局面に、この拗ねるという感情が絡まっていて。ゴルフによって感情を見つめることができ、把握することができた。

逆に、今私はこの感情に『おスネリやすちゃん』と名前を付けて、そのモヤモヤした感情が出てきたら、「来た来た、おスネリやすちゃんいるねー。よく拗ねるねー、君は」と心の中で頭をナデナデしてあげたり。そうすると以前よりは物事に対応できるようになっている。

これ、本当にゴルフのおかげだと思っている。

これがわかっていなかったら、拗ねたまま人生を終えていたかもしれない。

もちろん、ゴルフ以外の自分に関わってくださる方たちからの助言、アドバイスがあってのこともある。

だけど、わからなかったままだったらと思うとゾッとする。

この〝おスネリやすちゃん〟とは、一生付き合っていくつもりだ。

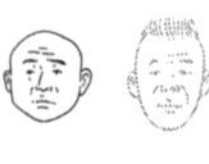

このことをわからせてくれたゴルフには本当、足を向けて寝れません。

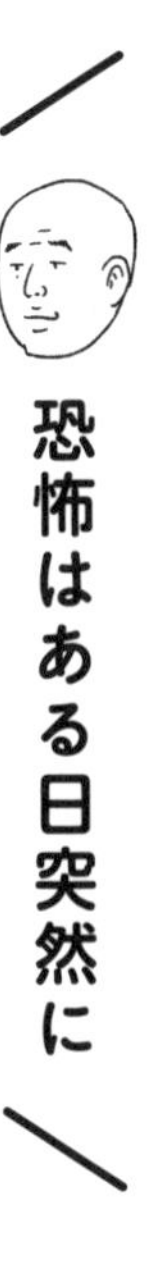

恐怖はある日突然に

人にはいろいろな戦いがある。

スポーツをやっている人間だと、試合に勝つために目の前の対戦相手との戦い。受験生はテストの試験問題との戦い。テスト以外にも勉強する際の睡魔との戦いもある。ダイエットをしている人間には食欲との戦いもあるし、生きていれば病気と戦うことだってある。

私が26歳から30代半ばまで、明け暮れた戦いがある。

それは抜け毛との戦いだ。

この戦いは皆が経験するものではない。経験をせずに一生を終える人間のほうが圧倒的に多いだろう。

この戦いは、抜け毛という敵を発見した時から始まる。

初めは恐怖。そして戸惑い。不安。無駄な抗い。諦め。最後は降参。

概ねこのような段階を踏む。それぞれの期間の長さはさまざまだが、人によっては降参という着地をよしとはせず、諦めから擬装へと舵を切る人間もいる。私は降参から、お手上げの人生を歩んできた。

まずは恐怖。敵と初めて対面した時の恐怖は、今でも鮮明に覚えている。

やす26歳。バイト先の仲間と酒を飲み、酔っぱらった勢いで髪を染め、ワーワー言いながら「何だ、その頭は」とゲラゲラ笑いつつ盛り上がった翌朝。シラフになり仲間の家のリビングでまばらに金色に染まった頭を見て、「これは外を歩けないぞ」という話になり、いっそのこと坊主にしようとバリカンで丸坊主にしてもらって家路についた。

家に帰って何とはなしに鏡を見た時、何か違和感を抱いた。何だか頭の印象が変だ。まじまじと頭を見る。すると生え際の左右、やけに肌色の部分が多いことに気づく。「何だろ、これ〜」と指で触りながら、脳の中でいろいろな情報が交錯する。そして導き出された答えは、「これ……。ハゲてきてるんじゃないの……?」。

実はこれシャレではなく、前々から薄々と危惧していたことでもあった。

私の父親は全体ハゲ頭。祖父はM字型のハゲ頭。父親からは40歳から薄くなってきたとの情報は聞いていたため、自分としてはまだ遠い先のことと勝手にタカをくくっていた。まさか26歳の自分の身の上に起こるとは夢にも思っていない。人生のふいをついて現れた抜け毛との対面は、私を恐怖に陥れた。

話が違う。こんな早くとは聞いていない。

変わることのない生え際を、鏡越しに何時間も眺め続けた。

見る角度を多少変えてみたところで、一切変わることのない前頭葉を。

陽の光を当てる部分に変化をつけてみても、一切変わることのない生え際を。

丸坊主の頭も時間が経つと髪は伸びてくる。髪が長くなると、はっきりと濃い部分と薄い部分の差が認識できた。2つ目の答えが出る。

これは間違いない。生え際からきている。

26歳の男子が自分がハゲたと認識すると、真っ先に頭をつくのは、これから先、女性と付き合えないいんじゃないかということだ。この恐怖は本能から湧き出てくるもので、自分を支配するその感情と隣り合わせで、毎日を一緒に過ごさせられる。ふと時

間があると、鏡で生え際をチェックする自分がいる。そして深いため息をつく。このワンセットを1日に何度も繰り返した。

女性に相手にされなくなる。20代男性にとって、これは恐怖だ。20代男性にとって女性と付き合うということは、ほぼ生きるテーマだ。第一印象という関門で、ハゲはとてつもなく大きなハンデであり、マイナスからのスタートとなる。ハゲを受け入れて、それでも前向きに生きるという大きな心は持ち合わせていない。今なら平気だ。しかし、26歳の時の自分には無理だ。そのくせ、女性は大好きときているから余計に辛い。

抜け毛が始まって、よくやっていたことがある。それは抜け毛の本数を数えることだ。やり方はまず後頭部の髪の毛を右手で鷲掴みにして強めに引っ張る。そして手のひらの抜け毛を確認する。ほぼ抜け毛はない。あっても1〜2本。次に前髪の部分をがしっと摑んで、強めに引っ張る。そして手を見る。抜け毛は10〜15本。一本一本分けながら、丁寧に数える。また前髪を摑んで、強めに引っ張る。10本から15本の抜け毛。また引っ張る。また同じ量の抜け毛。何回やっても、同じ量の抜け毛。

このまま続けたらすべて抜けてしまうんじゃないかと怖くなりやめる。次の日も同

じように抜け毛をチェックする。昨日と同じ量の髪の毛がずっと抜け続ける。ゾッとしてやめる。後頭部の髪の毛はほとんど抜けない。

それを次の日も、また次の日もずっと繰り返す。皆さんの中には「髪の毛を失いたくないのに、逆に何で毎日毎日抜くの？」とお思いになる方もいらっしゃるかもしれない。

しかし、この行為には、今現在の抜け毛を把握するということ以外にもう一つ意味がある。それは抜け毛は一時的なもので、ある時期がきたら抜け毛が減り、また髪の毛が生えてくるんじゃないかという淡い希望にすがる行為でもあるのだ。どこかで自分はハゲていない。まだハゲていないんだというものを手にしたいのだ。それを手にし、そして明るい未来に進みたいのだ。そんな幻想の世界に入り込む、ヘアーファンタジーワールド。

毎日毎日抜け毛の数を数える儀式。祈りは続いた。しかし、抜け毛が減り、髪の毛が増え、ハゲてはない自分に出会うことは、その後なかった。

神様からの罰と試練と、救世主

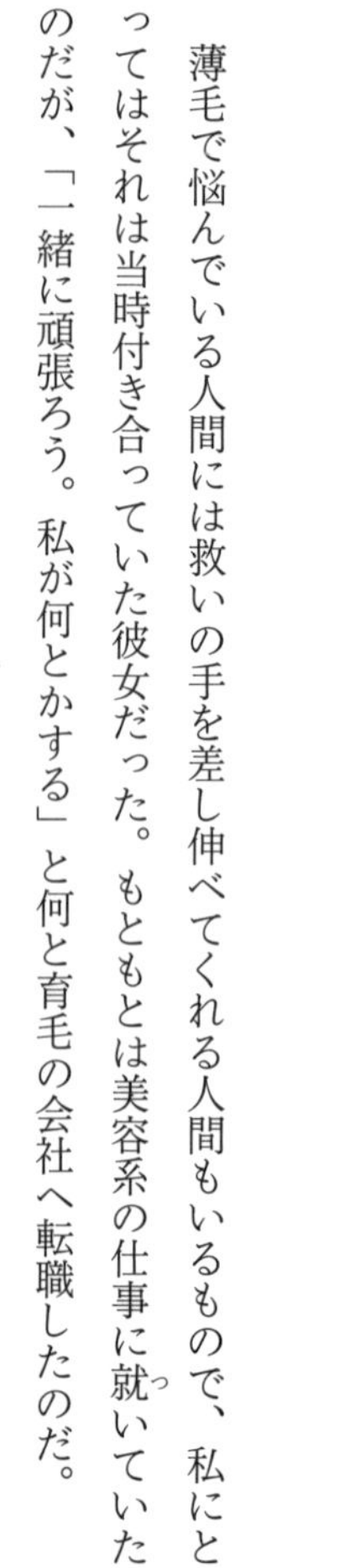

薄毛で悩んでいる人間には救いの手を差し伸べてくれる人間もいるもので、私にとってはそれは当時付き合っていた彼女だった。もともとは美容系の仕事に就いていたのだが、「一緒に頑張ろう。私が何とかする」と何と育毛の会社へ転職したのだ。

彼女はその会社が開発したシャンプーを毎月社割で買って持って帰ってきてくれた。何でも馬の身体を洗うのと同じ成分でできているシャンプーで、とにかく余計な油分を根こそぎ落とし、毛穴に詰まった油をきれいに取る。毛髪は詰まっていた毛穴のスペースに合わせて育つため、毛穴の詰まりで細くなっていた毛髪は太くなり、一本一本の髪の毛が太くなった分、全体として増えて見える。

そのような理論のもとに作られたシャンプーで、見たことのない茶色の太いボトルに入っていた。そのボトルを初めて手にした時、僕の不安な心がじわーと安らいでいったのを覚えている。シャンプーひとつで、人の心は前向きになるのだ。神棚があっ

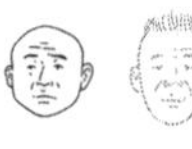

たら一度捧げて手を合わせてから使っていたことだろう。

具体的な洗い方は、ボトルからシャンプー液を五百円玉の大きさで手のひらに出す。その原液をそのまま頭皮に持っていき、全体的になじませる。そしてその状態で10分間放置し、毛穴の油に馴染ませる。十分浸透したところで、一気に洗い流す。洗髪後の頭皮を触ってみると、本当にキュッキュッという音が聞こえてくるくらい頭皮がきれいになっている。そして次は少量を手に取り、軽く泡立たせたあとに優しく洗ってから流す。

これを続けた。そうすると実際に髪は増えてはいないものの、頭部の黒色の印象が強くなった感じがした。髪が増えていくなど、おこがましい。抜ける毛が増えずに現状をキープできているということだけで大満足だった。

失う物があるというのは、人を謙虚にさせる。時々仕事で当時の自分の映像や写真を見る時があるが、何かかっこつけていて、いけ好かない奴だなあと自分で思う。今でもまだかっこつけの自分はいるが、その当時の自分を見ると、調子に乗らせないために神様は罰と試練を与えたのではないかと思う。

本当は40代で薄くなり始める髪なのに、神様が「こいつはダメになるから早めじ

ゃ」と26歳で髪を抜け始めさせた。そう神様に言われても納得できるくらいの見た目と雰囲気だ。雲の上から見るに見かねて、神様も施(ほどこ)しをされたのかもしれない。抜け毛で悩ませてちょうどよいと。そんな若者に見える。

シャンプーの話に戻そう。シャンプーでよい効果も出ていたところに、彼女が会社からのプチアドバイスを持って帰ってきたことがあった。

「ちょっと会社で聞いたんだけど、シャンプーを10分間頭に馴染ませる際に毛穴がすっきり大きくなって、そこから太い毛が生えてくるイメージを持つと効果が高まるらしいよ。先輩がそう言ってた」

その日から風呂場で手のジャスチャー付きで実行した。髪がフサフサ調子乗り野郎の自分だったなら、その説を鼻でせせら笑っていたことだろう。彼女はさらにアドバイスをくれた。

「音付きでやってみれば？　『ニョキ！　ニョキ！』って。そうしたらもっと効果が出るんじゃない？　キャハハハハハ（笑）　ニョキって、キャハハハハハ（笑）」

自分で言いながら、たまらず吹き出しながらのアドバイス。これは時々あったことだが、こちらの真剣さをよそに、笑い者にして楽しむ時がある。こちらとしても重く

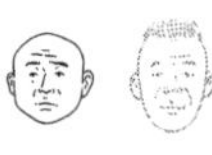

なるより笑い飛ばしてくれるほうがありがたいのだが、そんな腹から笑うかね？　腹からとも思う。

これは薄毛の方共通のことかもしれない。うちの相方なんかもいまだに僕の頭を見て、僕にわからないように手で頬骨部分を押さえながら笑いをこらえている時がある。何が面白いのかまったくわからない。バレてないように笑っているのがバレているんだよ！　相方よ！　いい加減、慣れんかい!!　コラ!!　まあでも、私もお笑い芸人の端くれ。この頭を楽しんでもらえるなら、大笑いしてくださいよ。

一方で真剣に怒られることもあった。家に一緒に泊まって、こっちは酒を飲んで酔っ払い、そのまま布団で寝てしまう時もある。すると彼女は鬼のような形相で近づき、顔をぬっと突き出して、

「おい、今までの苦労を無駄にする気か？　私も一枚嚙んでんだよ、お前の頭に。ちゃんと風呂行って、頭を洗ってから寝ろよ」

普段耳にしない低い声で凄(すご)んでくる。

「明日、明日。朝風呂入ってやるから勘弁してよ。とりあえず、明日必ずやるから」

すると、彼女は、

「今日やらなかったら、明日も明後日もないんだ!!　今日やらなかったら、明日は来ないんだ!!　お前の頭は!!」

キレると児童劇団のようなしゃべり方になる彼女だったので、これはとんでもないことになるなと、言い争うのを諦め、しぶしぶ眠い目をこすりながら風呂場へと赴き(おもむき)シャンプー。風呂場から出ると、怒りの収まった彼女が、「あー、さっぱりしたねー」とお母さんが子どもの風呂上がりを褒め(ほめ)るような口調で出迎えらえる。いわゆる、おやすみ前のひと悶着。って何がいわゆるだ。

そんな献身的な彼女とも別れの時が訪れる。薄毛が原因というわけではないが、20代の男女にはよくあることだ。別れると決まってから最後のお別れということで、東京・有楽町で会った。数寄屋橋交差点の今もある交番近くの地下鉄入口にて最後の別れの挨拶をして、いざこれでバイバイという時に彼女のほうから、「ちょっとひとつ提案したいんだけどいいかな?」ときた。

「うんいいよ、何?」

「今日、ここで人としての関係は終わるんだけど……。あのー、できたら髪の毛の関係は続けていきたいの。本当に本当に頭が心配なの……。どうかな?」

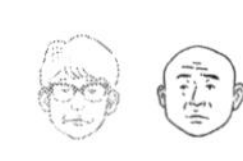

髪の毛の関係って何だ？

「シャンプーとか、今度新しい育毛剤も出るらしいし、やっちゃんの頭のことを一番わかっているのは私だから。男女の関係は終わるけど、提供者としての付き合いは続けていきたい」

提供者としての付き合い？

「ありがとう。気持ちだけもらっておくよ。これからは自分で何とかするわ。大丈夫。ありがとう」

提供者の関係を丁重にお断りして、見送った。名残惜しそうにこちらの頭をチラチラ見ながら、人混みに消えていく彼女の姿をずっと追った。前髪の隙間を銀座の風が通り抜けていた。

薄毛のカットモデルで人間の防衛本能を知る

薄毛の人専用のカットモデルというのをやったことがある。どこの美容室もやっているわけではないようだ。ただ、美容室の中には薄毛に悩む方の毛量、頭皮の状態から最大限増えて見えるようにカットしたり、もしくは薄毛に見えないようにカットするなど、薄毛に悩む人間にとってはたまらない技を施してくれるところもある。

当時の私は、今のずんを組む前の相方だったビックマウス飯田くん（今は地元の長野県でマンモウ飯田という名前で大活躍している。月に一度、「ずんマンモウ」というコーナーで一緒に仕事もしている）の妹さんが働いていた飯田橋の美容室で散髪してもらっていた。ショートカットのとても明るいキャラクターの妹さんに、美容室見習いの頃から練習台として無料でカットしてもらっていた。

最初の頃は僕の頭も練習台になるくらいの毛量はあった。しかし、一年一年と次第に前髪の生え際が怪しくなってきた。それにもかかわらず、カットモデルを続けさせてくれた。美容室に行く度に行く度に毛量が減っていっているのを、妹さんは血のにじむような創意工夫で何とかヘアースタイルを作り続けてくれた。

セミロングのソバージュパーマをかけてもらったこともある。インスタントラーメンの麺のようなウエーブのかかった、自分の世代でいうと千堂あきほさんがかけていたパーマのヘアースタイルだ。

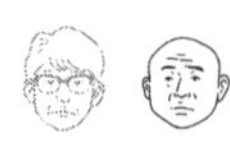

「あいきさん、もう少し髪を伸ばして、思い切ってソバージュをかけてみませんか？」

妹さんからの提案だった。ソバージュ？　僕が？

「ちょっと髪を傷めてしまうこともあるんですけど……」

髪を傷める？

「髪は傷んじゃうかもですが、確実に増えて見えます！　やってみませんか？」

「う〜ん。髪は傷む？」

「はい」

「でも、髪は増えて見える？」

「はい!!」

「髪は傷む？」

「はい」

「でも、髪は増えて見える？」

「はい!!」

足踏み問答を繰り返す。毛髪でもギャンブルは発生する。この賭けに負けた場合のリスクはでかい。なかなか決められない。髪が傷む or 増えて見える。2つの間で揺れ

動く。店内にかかっていたBGMはZARDの「揺れる想い」。

♫揺れる想い〜身体じゅう感じて〜君と歩き続けたい〜♫

3カ月後、店の鏡にソバージュ頭の自分が映っていた。

毛量が倍になったんじゃないかと思うくらい増えていた。幸せな時間が半年から一年続いたのち、抜け毛は加速した。

髪と歩き続けたかった私は賭けに負けた。ソバージュの髪型を固定するジェルをつけ過ぎていたのも原因らしかった。髪が少ない分、毛根に負担をかけていたらしい。ソバージュ時代のあとに、妹さんが提案してきたのが、冒頭の「薄毛の人専用のカットモデル」だった。

「あのー、うちの店長が今、薄毛の人用のヘアースタイルをカットでやっていまして、今ちょうどモデルさんを探しているんですが、よかったらいかがですか?」

私の頭を目の前にして、カットの途中途中で立ち尽くす時間も増えていた妹さんに申し訳ない気持ちもあり、快諾した。このカットモデルは、店長さんがただカットするだけでなく、閉店後の新人美容師さんに向けての講習会的な様相を呈していた。薄毛の人が薄毛に見えないように、かつかっこよく見えるカットを、店長が先生となっ

て授業のように教えていく。私はその授業の素材だった。私の頭を使って生徒にカットを教えるわけだ。

指定された日時に店に入ると、閉店した店内にタオルが四方八方に干されていて、湿気でむっとする。奥から先生役の店長、生徒役の7～8人の美容師の卵のみなさんに出迎えられた。私が座ったイスのまわりを車座で生徒が埋まる。通常では鏡に向かって座らされるのだが、カットモデルの時はメモを手に取った生徒さんに向けて鏡を背に座る。

店長の一言で授業が始まる。

「じゃあ、始めるぞー。はい、今回薄毛のモデルになっていただく、あいきさんです」

生徒さんたちのパラパラの拍手。

薄毛のモデル？　ただのモデルになっていただくでいいんじゃないかな？

店長は僕を後ろから覗き込みながら、「よろしくお願いします」

僕も店長を見上げながら、「よろしくお願いします」

「えーと、最近ねー、この店にも薄毛のお客様も増えてきてね。えー、ちょっと困っている人もいると聞いたんで」

困っている？

「今回の勉強会という運びになりました。今日の会でぜひカットを身につけて、仕事に活かしてください」

店長の言葉がやんわりと胸に刺さる。まあでも、かっこよくしてもらえるしと気持ちのバランスを取ろうとする。

「では、まずね、普通の方の頭とこの方のような頭。まず何をするか？　カットする時に」

この方のような？

「まずー、どこの部分に髪がないのかを把握する。なっ？　で、この方の場合は」と言いながら私の髪を指先でつまむようにてっぺんのほうから触り始めた。

「おい、山口。この頭だと、どこに髪がない？」

僕から見て正面やや右に立っている細身のマッシュルームカットの子に声をかけた。

マッシュルームカットの子は「えーと」と言いながら、壺を鑑定するように僕の頭をくまなく見続ける。

「えーと、頭頂部上のほうからですかね？」

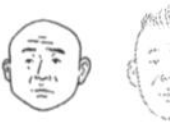

鑑定結果が導き出された。すると店長は、

「おい、山口。そこもそうだけど……」

そこもそう?

「この方の場合は～」と言いながら、私の前髪をおもむろに両手でバサッとめくり、

「はい、前から！　特にM字部分な」

美容師の卵のみなさんの視線が一斉に自分の前髪の生え際に集中する。何か裸を見られているような気になる。

「このM字の部分に髪がないな。このない部分を基準に、この薄い部分を基準に、ヘアースタイルを作り上げる!!　ここの毛量にすべてを、あっごめんなさい。下を向かないで、あいきさん」

無意識に下を向いていたらしい。本能がそうさせていたのだろう。自分の弱い部分を見られると、生きるのに不利だと働くという本能。ましてや生徒の中には若い女性も混じっているのだ。この状況でできるオスとしての防御策。それが〝下を向く〟だったのだ。自分のオスとしての小さな抵抗を誰も笑うこともなく、講義は進む。

「はい、じゃあ具体的にどこからカットするか。はい、みんな近寄ってきてー」

生徒さんの半円がひとまわり小さくなる。

「はい、最初にハサミを入れる、というか今回の場合はバリカンを使います。１ミリのバリカンね。それでカットしていくわけだけど、どこからバリカンを入れる？　はい、山口！」

またもやマッシュルームカット卵くんが指名される。

「えーと……、このもみあげのほうからですかね？」

僕の左側のもみあげを指差しして答える。

すると先生が左側の生え際をめくり、左側のいわゆるソリ込み部分を露（あら）わにし、

「はい山口、みんな見て」

ソリ込み部分を指でなぞりながら、

「ここからないだろ？　ここから。な？」

と指でおでこから後頭部に向けて前後に指をさすり説明する。

「ここから髪がないんだから、このない部分に……、あいきさん、下向かないで」

またオスの本能が出たらしい。

先生が両手で私のこめかみ部分を持って、くっと上に向けさせる。

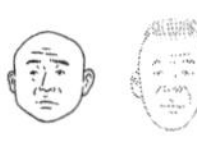

「この無毛地帯に1ミリのバリカンを当てていく」

作家の山崎豊子さんの小説『不毛地帯』は聞いたことはあるが、美容界には無毛地帯があるらしい。

「はい、実際にバリカン入れます。こうやって一番上のない部分に」

バリバリバリとバリカンの刃が髪を切る音がする。

普通だと耳の上あたりから上の部分を刈り上げるのを、ソリ込み部分から後頭部のほうに、全部刈り上げる。

すると、たしかにそれだけで薄毛の部分は消えてなくなったように見える。

「おー」とか「えー」とかの声が生徒さんから上がる。

「それで今度は上の髪なー」

店長さんが続ける。「はい、透きバサミ!!」と高々と生徒の前で揚（かか）げ、そして一気にザクザクと上の髪を切り始める。

生徒の一人が「店長、これは……？」

「これは透きバサミで、今度は上の無毛地帯の薄さに調整する。なー。はい。天然に透かれている部分に、ハサミで人工的な透きを入れる。そういうことだ。なー」

もうこの辺りになると、もう清々しい晴れやかな気持ちになっている。

天然に透かれているも清々しい。その後もカットを続け、シャンプーをし、髪を乾かしたあと、店長が指先に整髪料をつけ、薄毛の人用の髪型を完成させた。

生徒さんが感心して自分の髪を３６０度から眺めてメモをとり、勉強会は終了した。

店長さんに「また次回もお願いします」と言われたが、お店に行ったのはこの日が最後になった。

髪との戦いの終戦はヘアーバンドとともに

ヘアーバンド時代というのもあった。女性が洗顔の時に前髪が濡れないように生え際を止めるアレだ。

一時、ロンドンブーツ1号2号の淳くんが頭につけてテレビに出ていた。ふかわりょうくんも、ネタの時にちょっと太めのタイプだが頭につけていたヘアーバンド。

生え際から薄くなり始めてもまだ何とか髪型として見えていた時期から、隙間と頭

皮が大分目立ち始めていた時期に差しかかったあたり、ヘアーメイクさんが自分をメイクしてくれる際に、ヘアーバンドで生え際を止めてくれることがあった。

その髪と頭を鏡で見た時に驚いた。ちょうどウィークポイントが隠れ、しかも前髪が立った状態になり薄毛どころかちょっとかっこよく見えたのだ。

「これだ!!」

その帰りに地元のイトーヨーカドー（確か婦人コーナーのどこかだったと思う）で購入した。

余談だが、最近は収録前のメイクさんにドーランを塗っていただく時に、自分では前髪の部分と思っている地帯にドーランを塗られることがあり、そのメイクさんにはおでこと見られているんだなあと現実を教えていただくこともある。

購入した次の日からヘアーバンドをつけ、それで立った前髪をジェルで固めて行動するようになった。

すると、心なしか女性の反応がよく感じられる。

「やすさん、かっこいい」なんて言われたりすることもあり、これはいいぞとヘアーバンド生活は順調に進んでいたのだが、すぐに問題点が浮かび上がった。取ることができないのだ。ヘアーバンドを取ると長時間前髪部分をずっと固定してる分、髪と髪の隙間がより強調した生え際になり、M字の肌色部分が露わになる。

取ると、あれ？　映画『シャイニング』のポスターか？　となるのだ。

ヘアーバンドをつけると、テニスのアイドル・マッケンロー。ヘアーバンドを取ると、『シャイニング』のジャック・ニコルソン。女性と子どもが逃げまどうこととなる。

人の見ていないところでしか取れない。ほぼカツラじゃないか。これ。

常にバンドの位置を確認、気にしてなければいけない。

痒（かゆ）くなっても、人のいるところでは掻（か）けない。トイレの大きいほうの部屋に入り、思い切り掻いて、またつけて何食わぬ顔で街へ繰り出す。

大変なのに外して生活することができなくなる。心苦しい日々。かっこつけ人間の末路。

ヘアーバンドの呪縛から抜け出せない。人は一度密の味を味わうと戻れなくなる。恐ろしい。

そんなヘアーバンド時代を終わらせたのは、やはり時間だった。

薄毛の問題の、特に気持ちや心の持ちようの部分を解決し折り合いをつけてくれるのは、結局時間だ。

ヘアーバンドの幅より上まで薄毛の部分が広がったのだ。

しかし、ヘアーバンドの幅のほうを広げるという選択はしなかった。もう薄毛と格闘しすぎて疲れ果てていたのだ。

僕はそっとヘアーバンドをステージ中心に置き、別れを告げ、下手（しもて）にハケた。……ヘタ!! 戦いというのは、時間が終わらせてくれるのである。

小学校5年生の時の集中力がもたらした奇跡の出来事

子どもの時に一度だけあったことで、自分でもあの時の集中力、あの時の才能は何だったんだろうということがある。

私の家族は親父が染物の職人で、自分を合わせて子どもが4人。育ち盛りの4人の子どもを育てていることもあって、家族で外出をしたり、親がどこかに遊びに連れていくということがほとんどない家庭だった。

子育てだけで精一杯なんだということは、子どもの自分でもわかっていた。

そんな家で唯一、1年に1回だけ、夏休みの終わりに、車で1時間のところにある宮交シティという宮崎県ではお馴染みのレジャー施設の屋内プールに連れてってもらえる行事があった。

兄弟全員が毎年楽しみにしていたが、プールに行くのと引き換えに親父が出した条件があり、プールに行く日までに宿題を全部済ませるということ。

自分が小学校5年生の11歳、弟が3年生の9歳、妹が1年生の7歳で一番下の妹が3歳の夏、恒例のプールに行く日がやってきて、さあ、これから出かけようかという午後3時くらいだったと思う。弟が読書感想文をまったく一文字も書いてないことが発覚した。親父はそれを知ると、「約束を守らん奴が悪い!!」と頑として言い張ったのである。弟は自分がもちろん悪いのだが、しくしく泣いている。

1年で唯一の行事のプール。弟ももちろん楽しみにしている。何とか弟も一緒に兄弟みんなで行く方法はないかと一生懸命考え、出発の時間まで30分の時に、すっと身体が動いたのである。

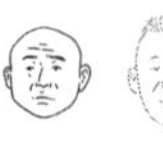

そして、弟に「読書感想文の本を見せて」と促し、勉強机に置いてある課題の本を弟から手渡されると、ページを飛ばしながらあらすじを最後まで読み切る。時間にして5分ほど。課題の本はどうしても思い出せないが、そこから弟に「俺が言うことをそのまま書きないよ」と指示して、自分が言う文章を一文一文すいすいと書き取らせたのだ。弟は涙目で書き留める。そして400字詰の原稿用紙4枚分を20分ほどで書き終えさせ、出発の5分前に弟の宿題もできて、すべり込みセーフ。親父も納得して、めでたく兄弟みんなでプールに行き、大いに遊んだのである。

そんな夏休みが終わり、2学期のある日、学校の読書感想文コンクールの発表があった。なんと、弟のあの読書感想文が小学校低学年の部で最優秀賞に選ばれたのである。

えー。あの即席で書いた作文が最優秀賞や!? うそやろ。あれが入選? うそー!?

弟が学校から賞状をもらって帰ってきて、先生に「主人公の気持ちをよく理解していて素晴らしい感想文でした」と言われたそうだ。

あの時の自分の集中力が凄かったのか。選んだ先生たちの見る目がなかったのかよくわからない。

その小学校5年生の時に一度一瞬だけ現れた集中力は、それから一度も現れたことがない。

大人になって弟にその時の話をしたら、「え？　そんなことあったっけ？」とすっかり忘れていた。

その弟に教えられた話。

弟はでかい人間で僕は小さい人間。弟に比べ、自分は本当にちまちましている人間だ。自分のスケールの小ささにうんざりするし、まあ人間味だと過保護にフォローしたりもする。

小学4年生の時の話。団地に住んでいた時、公園で団地の同世代の友だちと弟とままごとのようなことをやって遊んでいた。カレーを作って食べるという流れで遊んでいて、最後の皿にご飯を盛って、カレーのルーを盛っていただきますと食べるふりで架空のスプーンを手に持って口に持っていこうとした時、弟がその架空のスプーンに、ウスターソースと言いながらちょこっと入れて、架空のカレーに上からくるりとかけて食べようとする。それを見ていた友だちが、「今の何？」と。すると弟が、

「えっ？　カレーを食べる時、うちはソースをかけるとよ」

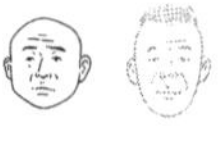

「何でソースかけると？　うちはせんよ、そんなの」

弟は「これかけたほうが美味しいとよ」と、その友だちに胸を張って言い張る。

そのやりとりを聞いていて、自分は恥ずかしくなった。自分も架空のカレーに頭の中ではソースをスプーンに入れて回しかけるという段取りは入っていたけど、それがなぜか瞬間的に恥ずかしいことのように思えて、ソースは省(はぶ)いていたのだ。自分の家の食卓でやっていることは貧乏でやっていることだと瞬間的にそう思えてしまい隠した。その自分は隠した行為を、弟はまったく恥ずかしがることなく、むしろこっちのやり方が正しいと堂々と友だちに披露する。

それを見てハッとした。そして自分は逆に、「あーそれ言うな。家が貧乏と思われるが」と心の中で慌てている。

弟はケロッとした顔で言い放つことを。

人にどう思われるか、体裁(ていさい)を気にしている兄。体裁という考えなどなく、自分の家のことも疑いもしていない弟。そもそも自分の家と他人の家を比べてもいないのだ。ちまちました兄はびくびくと、人の目ばかりを気にし、他人の家と自分の家の違いを恐怖に思い、ひた隠そうとする。スケールが違う。

学校で好きな女の子に対して、からかったりちょっかいを出したり、アピールをすることはあっても、その好きな女の子を誘って、2人で遊んだり何かをしたりすることなど思いもつかないし、思いついたとしても実際に行動に起こすことなどできなかった。それが自分だ。

弟は学校の帰り道に可愛らしい女の子とランドセルを背に、2人仲よく手を繋いで歩いて帰っていた。遠くからそれを羨ましそうに見つめ、

「あいつ、なんや恥ずかしくないとか……」

と心の中でいらぬ世話のつぶやきをするのが精一杯。

ちまちま人生を歩んで参りました。私。

今はだいぶこの人間性は矯正されて、自分でも常に意識するようにしている。

しかし、ちょっとでも気を抜くと、〝ちまちまやすちゃん〟はすぐに登場するので、見かけた方はどうぞ教えてください。

そしてこの〝ちまちまやすちゃん〟に飽きもせず、

長年付き合ってもらっている3人に感謝!!

そういえば、3人のことをひとつも書いてないわ。

完全に忘れていました。
それはまた第2弾にということで。
お粗末!!

芸人はじめて物語

東京なつかし散歩

飯尾以外の出身は地方だが、４人とも芸人としてスタートした地は東京だ。所属している『浅井企画』は五反田、そして昔毎月通った「欽こん館」は三軒茶屋の「来るびる」にある。「来るびる」は萩本欽一氏のビルで、たくさんの人が来てくれるようにと願って、萩本欽一さんがつけたネーミングだ。なつかしの場所へ、４人で巡る東京ツアーは、多忙なスケジュールの中で決行。久しぶりで新鮮！

START

錦糸町

「来ました、錦糸町！」となったはいいが、駅近で待ち合わせをした際にハプニングが……。ウドから連絡があり、「すいません！　僕のせいでロケのオープニングが長くなり、ちょっと押してまして、大幅に遅れます」。３人「ちょい押し、大幅、どっちだよ⁉」。急遽３人で錦糸町を散策することに。

ずんが結成される前、4人は錦糸町の駅前にある『アムス西武』の６階にあった劇場でライブを行っていた。やがてアムスは閉店。LIVINとして再出発し、その後、再び閉店。現在は地下に西友、地上階にはパルコが入店。「６階のライブ、場所、ここだっけ？」（天野）。なんと映画館に！

おー、あれ、おかえりウドは？

ライブの打ち上げでよく利用していた錦糸町の居酒屋『つぼ八』も今では様変わり。飯尾「たしか、地下に入っていくような場所だったよね？」。天野・やす「ここかなー？」。

「欽こん館」(21ページ参照)で思い出の街、三軒茶屋へ移動。ここでウドと合流する。ウド「お待たせしてしまして、申し訳ございませんでした!」。キャロットタワー前の商店街を歩き、『メガネスーパー』を覗く。やすの「萩本欽一師匠が来たりしますか?」の問いかけに、店員さんは「はい、たまにいらっしゃいますよ」とにこやかに回答。一同「えええーっ! いらっしゃるんだ!」と驚きに。

三軒茶屋へ

三軒茶屋の『餃子の王将』は、よくたむろしていた場所。ウド「安いし、美味しいし、お世話になりました!」。

錦糸町の駅前の風景が激変したことに驚きの3人。飯尾「もともと味があったけど、よりオシャレな街になったんじゃない～?」。

欽ちゃんビルこと、『来るびる』。天野「くるびるなんて、大将っぽいネーミングね～」。飯尾「建て直してきれいになったね」。ウド「外階段があったのよね～」。やす「そこでみんなネタ合わせしてたよね」。

欽ちゃんビルの目の前の小道を行くと、世田谷線の小さな踏切がある。天野「わっ！電車まで新しくなっちゃった」。やす「僕はこれで通ってましたからね。車体は緑色で、床がフローリングだったんだよな～」。ウド「僕はこれで通ってなかったな～」。飯尾「ヒデキ、黙ってて（笑）」。

ウドが上京して最初に住んでいた木造アパートの跡地。ウド「たしか、このへんです〜」。そこには、建て替えられたゴージャスな高級マンションが！

新しい事務所の近くにある沖縄料理屋さんでお疲れさま会。天野「ウドちゃん、沖縄料理大好きだよねー」。ウド「ハイ〜。温かく、ほがらかな太陽がたっぷりの沖縄は雰囲気もお料理も大好きです〜」。天野「東北出身だけどね」。ウド「なんくるないさ〜」。

五反田にある『浅井企画』の最初のビル。現在では１階が薬局、２階が中華料理屋さんとなっている。飯尾「なつかしいね〜」。天野「東洋一の細長ビルだよな（笑）」

五反田

キャイ〜ンはデビューしてから早い段階でテレビに出るようになった。一方、ずんは長い下積み時代を過ごすことに。それでも飯尾は、「ズルいなとは感じなかった。なぜなら、条件はすべて同じだから」、やすも「売れたら売れたで大変なこともあったでしょ」と屈託なく当時を振り返る。そんな2人に天野は、「運がよかったんだよ。人にも恵まれたからね。ずんはその時期からずーと熟成されていて今、食べ頃になっている」と笑い合う。最後にウドがひと言「イェ〜イ!!」。そんな4人の若かりし頃のエピソード。

浅井企画に引き寄せられた!? 30年前の4人の若者

飯尾「いきなりで申し訳ないけど、やすは柔道推薦で入った大学を夜逃げしたのは、いつなの?」

天野「えっ！　夜逃げしたの？　俺、やすのヒストリーよくわかってないんだけど。興味なかったから」

やす「興味持たんかい！　高校の頃から、たけし軍団さんに入りたかったんだけど、高校の柔道部の監督と父親が勝手に、俺の大学入学を決めちゃって。監督には行かないって今さら言えないし、それでも上京できるなら、まあいいかと。ただ、いざ蓋を開けたら、大学があるのは東京を通り過ぎて、千葉県の勝浦なんだよ。房総半島！」

ウド「本当に暴走しちゃったんだね」

天野「で、夜逃げは？」

やす「入った大学は男女の比率が男性10割、女性1割で」

天野「全体で10超えちゃってるんじゃない」

飯尾「定員オーバーじゃない。大学も無理しちゃって」

やす「アハハハ。ごめんごめん、男性9割、女性1割だったのよ。柔道部でも女子生徒が少ないから、その部員を巡って男子部員同士が嫉妬で、柔道の練習中にいがみ合っている。それを見て、『この環境にいたら、俺もこうなるかもしれない』と思って。それならば、やりたかったお笑いをやろうと思ったんですよ」

ウド「それでどうしたの？ やすぼん」

やす「その日の練習が終わった午後に、バッグに荷物をつめて、愛車の赤と白のＤＪ－１Ｒに乗って勝浦キャンパスをあとにしたんですよ」

飯尾「寮から出る時、先輩たちとすれ違わなかったの？」

やす「いつもだと誰かに必ず会うんだけど、その日は不思議と誰にも会わなかった。それで神様に行けって言われていると思ったんですよ。そして木更津から川崎行きのフェリーに乗って、東京に向かったんです」

飯尾「そのフェリーって、『男女7人秋物語』

のさんま師匠と大竹しのぶさんが乗ってた?」

やす「その通り! で、途中で買って楽しみにしていたたまごサンドをフェリーで食べようと思ったら船酔いで食べれなかったっていう」

天野「っていうって(笑) それで?」

やす「東京に住んでいる高校の時の友だちの家に居候させてもらってた」

飯尾「でも、1カ月後、大学の柔道部の監督と実家のお父さんに踏み込まれたんだよな」

天野「何でバレたの?」

やす「ある日、郵便局でお金をおろしたら、ATMの使用履歴からその郵便局の場所をたどられて、バレちゃったのよ」

天野・飯尾・ウド「へ〜」

飯尾「FBI捜査官並みだな」

やす「そのあと、監督と2人で喫茶店に行って、話し合ったけど、『自分としては大学をやめて、お笑いをやりたい』と夢を語ったら、監督が『柔道部をやめていくやつはいっぱいいて、納得する理由を言ったやつはいなかったけど、お前の理由は納得できるから、俺は応援するよ』と言ってくれたんだよね」

ウド「いい監督だな〜。一本取られたな〜」

飯尾「場外!。戻りなさい!」

やす「それでそのまま大学をやめて、その町に住んでバイト生活を始めた。そのバイトが東大のプールの監視員」

天野「夜逃げしたやつが人の監視なんかして

んじゃねえよ」

やす「でも、そこで面白いやつに出会ったんですよ」

ウド「へーシンクの飯田さんでしょ？」

やす「それがそうじゃなくて、長沼くんという同じ年のやつで。俺が『お笑いをやりたい』って言ったら、『相方が見つかるまで、俺が付き合ってあげるよ』って言って、漫才コンビを組んでくれたのよ」

飯尾「ネタ見せとか行ったの？」

やす「もちろん、新人コント大会のラ・ママのネタ見せに行きましたよ～」

天野「コンビ名は？」

やす「ダブルパンチ」

一同「ダブルパンチ～（爆笑）」

天野「昭和の師匠クラスにいそうな名前だな」

ウド「ダブルパンチってコンソメ味の？」

やす「ウドちゃん、コンソメ味じゃないよ」

飯尾「ジョークで返せよ」

やす「で、半年ぐらい組んでたけど、パンチ力がないことに気づいた時に、ラ・ママでヘーシンクの相方、飯田くんに会うんだよ」

飯尾「へ～、長沼くんにはなんて伝えたの？」

やす「ラ・ママの楽屋で3人でしゃべったのよ。飯田くんとは年齢が一緒、柔道をやってたのも一緒、相方を探してるのも一緒。じゃあ、やろうかってことになって。長沼くんもそれを聞いて、『よかったな、相方見つかって』と快く送り出してもらったのよ」

飯尾「え〜、俺が長沼くんと組みたかったな〜」

やす「ちょっと！」

飯尾「でもさ。俺らの時は関西では吉本興業さんや松竹さんがあるけど、東京だったらどうしたらいいんだろうという時代だったよね。浅草に演芸を見に行く習慣もないし、テレビには完成された芸人さんばっかりだったし、どうやって芸人になったらいいのか、わかんなかったよね」

ウド「僕は高校の柔道部の合宿の時、林家こん平師匠の著者『人生は開けごま』を読んで、感銘を受けました。それで就職で東京に出てきた時に、こん平師匠の本に書いてあった内容を頼りに、いつかこん平師匠にお会いできたらなぁ、と思ってました」

天野「ウドちゃんも何らかの行動はしてるんだね。飯尾っちは、はじめどんな行動に出たの？」

飯尾「以後、それは私の担当ページでたっぷり書いてあるので、そちらをご覧ください。逆にヒー坊は？」

天野「俺はタレント名鑑を見たら欽ちゃんが載ってて、優しそうだな〜って。そこで浅井企画を知って、所属タレントを見ていたら、関根さん、小堺さん、見栄晴さん、全員優しそうだったので、それで決めて電話したら、すぐには入れたのよ。若手が集まった錦糸町での初めてのライブで関根さんが見に来てくれて、新人の俺たちにもたくさん感想を話してくれたんだよ」

飯尾「関根さんはお笑いが本当に好きで、今でも俺らが知らない若手のお笑いとかもよく知ってるもんね」

天野「関根さんは『笑っていいとも！』でも、一般の方と絡む時も、決して嫌な思いにさせない、それで笑いもとる」

飯尾「関根さんは、毒を吐くのも自分自身にだもんね。モテなかったこと、なで肩のこと、とか」

ウド「飯尾さんもそういう感じがします～！」

天野「そうそう。飯尾くんは関根さんに近いところがあると思う。俺はちょっと強めに人をいじるところがあるけど」

ウド「あああっ～」

ずんの転機はやすの「ホタテ～」!?

飯尾「俺が37歳くらいの年末に、いつもの喫茶店ギグレットで、翌年に向けてのネタ作りをしていたわけ。悲しいかな、それが仕事納め。ウドからの連絡で、『その日の夜の忘年会、キャイ～ンは仕事で少し遅れます』ともらい、それをやすに伝えた瞬間、〝あれ？俺たちやばいな〟と感じ、こんな芸人のかき入れ時に、3日間肉、魚、肉とバランスよくランチをとり、やすは食後のアイスティー、自分は濃い目のアイスコーヒーを楽しんでる。あっ、これはやばい。中途半端にキャリアを積んで、できちゃってるふりしているのではないかと思ったんだよ」

天野「その思いはやすに伝えたの？」

飯尾「伝えたよな」

やす「でも、僕はまったくなんとも思ってなくて、なんでそこまで考えるんだ？　って、答えました」

天野「ずいぶん温度差あるね（笑）」

ウド「温度差ないよ〜。アイスティーとアイスコーヒーでしょう？」

天野「飲み物じゃねーよ」

飯尾「こうなったら、すべったらどうしようとか考えなくて、ビビらずMCから振られたら何でもいいから答えよう」

天野「おお、腹をくくったんだ」

飯尾「そう、もし何も言葉が浮かばなかったら、好きな食べ物でも叫べばいいやと、とにかく何かを答えよう。やすも『そうしよう』と言ってくれて。そう決意新たに新年一発目の仕事でMCからやすに『正月何をやっていたの？』との質問に、やすが大きな声でひと言『ホタテ〜』と急に叫んだ」

ウド「ワハハハ」

飯尾「その質問でつまるのかよと思うと同時に、好きな食べ物、ホタテなんだ！って気づいた冬」

天野「ホタテ〜って（笑）」

飯尾「MCも最初はびっくりしてたんだけど、やすがなぜ『ホタテ〜』と言った理由を話したら、会場は大爆笑」

天野「開き直ったら、それがかえってよかったんだ」

ウド「おったまげる〜！　よっ、二代目ホタテマン〜!!」

やす「♬ホタテは美味しいよ〜♬」

ウド「GO！　GO!!」

やす「ウドちゃん、そんなにホタテないでよ、僕のこと」

天野「バターで焼いたあと、海苔で巻いて食ったろかっ！」

飯尾「あははは。その頃から、また仕事がポチポチと来始めて、とんねるずさんの『細か過ぎて伝わらないモノマネ選手権』で、やすが優勝したり」

やす「ウンナンさんの『イロモネア』に関根軍団で出さしていただいた時にオールクリアして100万円獲得できたり」

飯尾「また違う回の時に楽屋が一緒になった、面白企画天才発明家でもあるバッファロー吾郎さんに声をかけていただき、大喜利ライブ『ダイナマイト関西』や、A先生と面白作家せきしろさん企画の、しりとりでギャグをする『ギャグラリー』に呼んでくれて、たくさんのお客さんの前に立たせてもらったり」

やす「さんま師匠の特番で、大爆笑をとったり」

飯尾「よく自分で大爆笑をとったって言えるよな(笑)　さんま師匠のツッコミがなかったらで、想像してみなよ」

静かに目を閉じて2秒後

やす「ひぇぇ〜　さんま師匠〜」

天野「他流試合をやるのは、経験上すごくいいよね。俺らの若手時代はどちらというと、ネタも大切だけど他のことも重要視されていた気がする。今は世に出るためには、ネタは必須だもんね」

やす「キャイ〜ンの2人は、他流試合の中においても一番ウケをとりたい、という欲はあるんですか？」

天野「他より面白いとかよりも、自分たちが面白いことをやるって気持ちが大きい。だから、俺もウドちゃんもお笑いのショーレースにはあまり出てこなかった」

ウド「天野くん、僕も同じ気持ちだよ〜（久しぶりに主人に会ってはしゃぐ大型犬のように天野に近づく。尻尾ふり全開！）」

やす「（真顔で）ウドちゃん……、よかったね」

50歳にしてボケとツッコミを入れ替える新境地へ

飯尾「やすはキャイ〜ンのこと、どう見てた？」

やす「とにかくキャイ〜ンがすごいのは23、24歳で自分たちのお笑いのスタイルをすでに確立していたのがすごい。漫才でウケた時のお客さんの笑い声の厚みが違う。当時、頭三つぐらい抜けてた」

天野「やすも、その当時から頭から抜けてたけどな」

やす「それは髪だろ！ ……話は戻しまして、あれよあれよと売れていった。天野くんのツッコミは誰も見てない面からツッコミを入れて、天野くんの言ったツッコミで、あぁそこも面白いんだなって気づく」

ウド「そうなのよ、僕だって天野くんに言われて、面白いってわかる時あるもの。やすぼんだって、ヘーシンクの時からすごかったでしょう〜！」

やす「それを待ってたのよ。ウドちゃん〜、ちょっと遅いぐらいだよ」

ウド「……」

やす「ないのかよっ！」（コケ）

飯尾「やすってさ、玄人（くろうと）ウケするよな。ずん組む前の、ヘーシンクの時、どのライブでもゲスト枠のトリで、やすたちのネタを観たい芸人さんたちで、舞台袖がいっぱいになってたもんな〜」

やす「え？ なにが面白かったのかな？」

飯尾「またまた〜。もう、あのウケ方を忘れっこないでしょう（笑）」

天野「そうだよ、そんなに経験ないんだから、忘れっこないだろ」

やす「さっきの褒め言葉、取り消すわ。その頃、僕は飯尾さん家に居候して、一生懸命やってましたかねー」

飯尾「そうそう。誰もやってないツッコミを編み出したって言って、喜んで下の部屋に降りてきたもんな」

やす「頭ツッコミ、肩ツッコミ、背中ツッコミで、まだ叩いてないところ、どこだ？　と探していたら、ありました〜」

飯尾「やす教授、発表、お願いします」

やす「首の後ろをたたく、首ツッコミですよ！」

飯尾「ただ、教授、これは諸刃の剣なんですよね」

やす「そうなんです。力を入れすぎると気を失いかけて、気絶しちゃうんです。しかも、首の後ろは客席からはまったく見えないから、ただ痛いだけになっちゃって。相方の飯田くんにやめてくれと頼まれて」

天野「みんな一度は通るよね。とにかく関西のツッコミワード、『なんでやねん』がオールマイティーですごいんだよね。そのワードに

負けないように、何か違うツッコミを編み出そうとする流れがあった。比喩表現とか、たとえツッコミとか」

飯尾「それまで関西弁じゃなかったはずのタレントさんが急に関西弁になったりして」

ウド「僕も親友のげんしじんの影響で、関西弁になりましたでやんす！」

天野「それ、関西弁じゃねぇよ」

飯尾「俺が編み出したツッコミで、村山ひとしくん(ずんの前の相方)が変なボケをした時に、指を舐めて〝風向きが変わってきた〟っていうのがあるよ」

ウド「新しいですね〜！　エキセントリックでやんすね〜」

天野「やんす、気に入っちゃったよ。しばら

く、やんすが続くと思います。飯尾っちのはツッコミなの？　ボケなの？」

飯尾「一緒にはしゃいでるだけと言われた」

天野「でもあえて自分で手をくださないツッコミって新しいよね」

飯尾「ツッコミといえば、やすがさ、俺の家に忘れていったメモ帳に、『ツッコミとは？』って書いてあって」

やす「ありました、恥ずかしいな～」

飯尾「『ツッコミとは話を最後まで聞いてからはたく』って書いてあった(笑)」

天野「基本中の基本だね」

飯尾「さらにね、『女性にツッコむ場合、顔、頭は避けて肩をはたく』」

天野「どうしても叩きたいんだね(笑)。ウドちゃん、前のコンビ『ランドレース』でツッコミをやっていた時は、手だと相手が痛いからって気を使って、スリッパを持ってた」

ウド「相方は幼馴染の岡部くんですね～！　スリッパもどれがいいか、いろいろな雑貨屋さんを探し歩いてこだわったら、20足くらいになっちゃった！　スリッパの中綿を抜いたりしてね」

飯尾「ドカベンのキャッチャーミットみたいな話だね」

やす「山田太郎が中綿を抜いたやつね」

ウド「でも、糸がほどけちゃうし壊れちゃうし、難しかったな～。岡部くんを困らせちゃいました。どうもすみませんでした！」

天野「俺も叩くけど、そんなに痛くないはず。

ウドちゃんに痛いって、一回も言われたことないもんね」

やす「天野くんが、さりげなくおでこをポンッ！　てやるの、僕、好きです。あーゆーのできないんですよね、僕」

飯尾「改めて言わなくてもわかっている。ターゲットを首に絞っている男だもんね。そもそも東京で芸人になる方法がわからなかったからね」

天野「俺は、浅井企画に入って、欽ちゃんの番組に出たら、すぐにスターになれると思ってた。だから、俺、ウドちゃんとコンビを組んだあとに、欽ちゃん劇団のオーディションも受けてるのよ。でも、その時に持っていった欽ちゃん宛の手紙の中で、全部欽ちゃんの『欽』の字を『鉄』って書いちゃったのよ。だから見事に落ちました。で、コンビでやるしかないって思って、その頃はウンナンさんがブレイク中で、みんなショートコントやってたんだよね。コントのグループが多かった。たぶん最初にお笑いをやるとしたら、ショートコントが一番作りやすいとみんな考えたのだと思う。でも、僕は小さい時にあった漫才ブームの印象が強く残っていて、いつか漫才をしてみたいと思っていたんですよ。で、ウドちゃんとコンビを組むことになった時に、やっぱり漫才がやりたくなって、ウドちゃんにどんな漫才がやりたいって聞いたんですよ。そしたらウドちゃんが『僕、お客さんに笑ってもらえる漫才がやりたいです』と答えたので、それは当たり前だろ！　俺は漫才の種類を聞いてんだよ。その瞬間にボケ、ツッコミは決まりました」

ウド「でも、天野くんは僕とコンビ組む前は、内心ボケたい気持ちもあったんじゃないの？」

天野「う～ん。漫才ブームの時はボケツッコミがはっきり分かれたコンビが多かった。でも、とんねるずさんやウンナンさんからどっちもやる流れができてきたので、ツッコミだけをやるという感覚はなかったかな。ちなみにチャットGTPに、『キャイ～ン天野ひろゆきについて教えて』って聞いたら、『キャイ～ンのボケである』って答えたんだよ。チャットGTPくんは、俺のことボケだと思ってんの（苦笑）」

やす「ボケのカタチはいろいろですからねー」

天野「発言とか、ボケてるからかね？」

飯尾「うん。2人のロケを見ていると、ヒー坊が半分ボケるよね。『天野くんっ！』ってヒデキがツッコんだりさ」

天野「一番その感じが出るのが、誰かの結婚式のコメント」

ウド「だって、天野くん、ずっとボケてるんだもの～！」

天野「でもさ、その時も案外、心地よかったりするのよ。だから、50歳にして替えようかと思って、ボケとツッコミ（笑）」

ウド「天野くぅ～ん、ちょっとぉ～」

飯尾「でもそれ、面白いと思う。ヒデキは、中間管理職をやらせたらホント面白いし、ヒー坊はどう見たって、小生意気な子どもにしか見えないから。よし、次からそれやってよ！」

天野「この前も埼玉の大宮でさ、若手大勢が出るライブがあったんだけど、漫才をやる前に、フリートークがあったわけ。で、大宮というワードでフリをやったんだけど、俺が、『大宮って、あんまパッとしないですねー』『朝起きて大宮に行こうと思ったこと、一回もないなー』とか言ったら、ウドちゃんが、『ダメダメダメダメよ〜。ダメダメ。何言ってんの！　天野くんっ！』て、そのパターンがだいぶウケてた（笑）」

飯尾「うん、面白い！」

天野「慌てさせるのが楽しくって。ふふ」

やす「ツッコんでるんだけど、お互いリアル、みたいな感じもいいねー」

天野「なので、これからフリーの時はその形もいいですか？」

ウド「何言ってんの！　天野くんっ！」

天野「ハハハ」

やす「どっちにしても、いいコンビですわ」

コンビの数だけスタイルがある ボケ、ツッコミ論議

天野「歳をとるといろいろ変わるよね。時代もあるけど、俺たち自身も変わってきてるから」

飯尾「そう、それわかる。やすと最初にコンビを組んだ時さ、俺がふとアドリブでやすをいじったことがあったわけ。髪型のことだったり、服装のことだったり。それでお客さんがドーンとウケるんだけど、やすはそれが嫌（いや）だったみたいで、終わってから、『相方、ちょっといいかな。お笑いの本筋とは違うところで僕をいじんないでくれ』と。ネタ中のツッコミとしての説得力が薄まるから」

やす「あっ、あの時の!?　いやいや、見た目じゃなく、ネタで笑わせたかったんだよ」

飯尾「まあ、そういうんだったら、そうしよう。取り決めをして、半年くらい経った頃。『相方、また話がある』と。俺、もういじってないんだけどな…ってドキドキしていたら、『相方、どうやら僕はツッコミじゃないみたいだ』と」

やす「ワハハハ」

飯尾「それを言われて、改めて、やすってどんな人間なんだろう？　って家でずっと考えたのよ」

やす「考えてくれたんですか？」

飯尾「うん、考えたよ。で、わかったの。いい意味でプライド高いんだってことが」

やす「あー、そうかもしれない。かっこつけたかったのかも」

飯尾「あの頃、ビートたけしさんの『オールナイトニッポン』を聴いて、〝俺は、たけしさんみたいになりたい〟っていきってたしな。俺は、あんな天才になりたいなんて考えたことがない」

やす「一番できないことに憧れてるんです」

飯尾「その時、『じゃあ、なんでやすはツッコミじゃないんだよ！』って言ったら」

ウド「うんうん」

飯尾「先輩でいうと、さんまさん、ダウンタウンの浜田さん、さまぁ～ずの三村さん、今田さん、東野さん、蛍原さん、同期だと天野くん、くりぃむの上田くんに比べたら、僕はツッコミが劣るからって答えたんだよ。そりゃあこの人たちに比べたら誰もが黙っちゃうよ（苦笑）」

やす「ワハハハ」

飯尾「この人たちのツッコミはすごいよ。だけど、芸人の数だけツッコミってあるじゃない？」

ウド「その人、その人のね～！」

飯尾「結局、やすは考え過ぎちゃう、職人肌なんだよ～」

天野「でも、俺、さっき話したように、自分ではあんまりツッコミって思ったことないよ？」

ウド「天野くんは全方位型だから」

飯尾「もう、『やんす？』は言わないんだなあ」

ウド「えっ、やんす」

飯尾「もう過ぎ去ったことなんだな」

やす「ずんのやんすでやんす」

飯尾「それ、すぐに忘れてください。あと、ヒー坊は人に興味があるからさ、そこはピカイチだよ」

やす「それでいうと、僕は自分が一番好きだから」
ウド「だって、やすぼん、メチャンコ可愛いもの〜」
天野「やすは自分磨きばっかりしてるもんな。ホットヨガとかやってるんだって？　お前なんて常温でいいよ」
飯尾「いいツッコミだ(笑)」
やす「そう、こういうのが出てこないのよー。だから自分はツッコミじゃなくて、ボッコミだって言ってます」
ウド「ボッコミって素敵だねぇ〜！　だって、やすぼん、メチャンコ可愛いもの〜！」
やす「気持ちはありがたいだけど〜、可愛いよりかっこいいって言われるほうが多いかな」
ウド「誰にだよ！」
やす「ボケがツッコんだ。ウドちゃん。それがボッコミだよ」
ウド「やすぼん、メチャンコうるさいでやんす」
飯尾「祝、やんす、復活!!」

それぞれのお笑いのルーツとウドの天野愛

ウド「僕はさっぱりわからないのよ〜。自分が何者なのかもわからない」
やす「ウドちゃんは魅力的だよ、つかみどころがないのがいいのよ〜。確かに誰ともかぶってないのがいいのよ」

天野「飯尾くんも誰ともかぶらないよね。ウドちゃんのかぶらないのとは違うんだけど、見たことない感じなの」

ウド「確かにいないです、飯尾さんみたいに素敵なトボけた人」

天野「飯尾くんみたいなトボけた人、同級生でも見たことないのよ。昔からずっーとこの感じ。変わらない度合いでいうと、関根勤さんと同じくらい変わらない」

ウド「うんうん、変わらない」

天野「ウドちゃんはどんどんしゃべっていることが聞き取りにくくなっているけどさ（笑）」

ウド「自分でも何しゃべっているかわからないのよ〜!」

……………………………………

天野「怖いよ。飯尾くんのその感じ、誰がルーツなの?」

飯尾「小学校の時にさ、パ〜ッと華やかな同級生っていなかった?」

天野「うん、いたね。オーラがある子。自然と人が集まったりしてね」

飯尾「その子がさ、テレビでやったことを次の日に教室でやるわけ」

天野「うんうん」

飯尾「俺はそれを否定する役だったんだよね。女子が、『面白〜い』って笑ってるのを、『あんなの真似じゃねえかー。ピスタ〜チオ』とか言って。で、女子がぽか〜んとしてるんだけど、男子は5〜6人ほどゲラゲラ笑ってくれて。まあ、女子としゃべれるやつへの僻(ひが)みも半分入っているんだけどね」
天野「そこでもコアなファンを掴んでいたんだね」
飯尾「確かに。やっかみ5人衆の笑い声がなかったら、この世界に入ってなかったです」
やす「その感覚がもうすごい。僕は子どもの頃、前日テレビで見た、たけしさんの真似を思いっきりして、女子だけを笑わせていた。飯尾さんが否定する側のほうだね」
天野「おい、やす。お前はオーラがあって、自然と人が集まってくるタイプじゃねえからな」
飯尾「コマネチとか?」
やす「いや、ケツコマ、ケツコマ! って。たけしさんは前だから、俺は後ろだと言って、お尻の前で手を動かして」
飯尾「それ、面白いじゃない。俺、同じクラスだったら、やすと友だちになってたな(笑)」
やす「女子の前でやって、嫌われたパターンでしたけど」
天野「でもまあ、一応アレンジが入ってるから、いいんじゃないの〜」
飯尾「最近感じるんだけど、一番肝っ玉が座ってるのは、やすだと思うのよ」
天野「実は昔から、出来上がってたんじゃない? 時代がやっと追いついてきたというか、一番俯瞰(ふかん)で世間を見てるのはやすかもしれないね」
飯尾「ちょっと話が逸(そ)れるかもしれないけど、

前に女優の名取裕子さんと番組で一緒になった時のことがあって」
ウド「大女優さんじゃない?」
飯尾「本番が始まる前に、『やす、名取さんがもう入られたから挨拶に行こうよ』って言ったら、『あ、僕はさっき行ってきました』って。ひとりで行っちゃったわけ。よくひとりで行けるなって思って」
やす「挨拶だから、いいじゃない」
天野「肝が座ってるねえ」
ウド「名取裕子さん、僕も大好きだから、何回も挨拶行きたいよ」
飯尾「回数かよっ!」
天野「ウドちゃんもそうだよね。人見知りなのに、共演者さんへの挨拶は必ず行くよね」

ウド「そうなのよ〜! 挨拶も大事なんですけど、僕は自意識過剰なところもあって、女優さんとかアイドルの人とか、僕のことどう思ってるのかなぁ?って、気になった時があって。天野くんに僕がいない仕事でも、共演者さんに会ったら、『ウドちゃんのこと、どう思います?』って、聞いてみてほしいんだけど、ってお願いしたことがありますね〜! それを企画にして、『ウド鈴木のこと、100人に聞きました?』をやろうって天野くんに持ちかけたら、天野くんが、『みんなどうも思ってねえよ!』ってツッコまれて、痛快だよね〜!」
天野「相手がどう思ってるのかとか考えるから、余計なことを考えて人見知りになっちゃうじゃないの」

やす「そういうことか～（感心）」

ウド「天野くんは、女優さんでも役者さんでも大御所芸人さんでも、いつも番組で過ごす時は和やか。天野くん、なんでそんなふうにいけるの？　って聞いたら、『俺が相手を嫌ってないんだから、相手も嫌ってるわけがない』って」

飯尾「ヒー坊は、自分が好きなら、それでいいタイプ」

やす「天野くんは人に好かれたいって思いはないですか？」

天野「好かれるに越したことはないけど、一番はゲストの人が、楽しんでくれることかな」

飯尾「やすとヒデキは、自分のことを好きになってくれないかなって思うタイプ。だから、かっこつけちゃうんじゃない？」

やす「注意かよ！」

飯尾「注意だよっ」

やす「でも、それはあるかもしれない。ウドちゃんはどうですか？」

ウド「僕もあるかもです。別れ際、『どうもありがとうございました！』って挨拶したあと、まだこっちを見てるかなとか意識しちゃう」

天野「見てないよ（笑）」

飯尾「俺はどっちだろうなー。でも確かに、街角で別れる時、じゃあ俺はこっちだからって、お前はあっち？　ってなっても、何度も振り返るかも」

天野「ウドちゃんもそう、別れ際にずっと俺を見てる(笑)」

飯尾「ヒデキのヒー坊愛はすごいよね。ヒデキと年末に出川さんがやってる草野球の特番に出させていただいたんだけど、霜降り明星の(せいやと粗品)もいてさ。ヒデキがバッターボックスに立って、『うわ、天野くん、天野くん〜っ!』って叫ぶもんだから、粗品がさ、『天野さん、今日はおらんねん』って言ったわけ。そしたらせいやが、『おい、粗品! ウドさんの天野さん愛をなめたらあかん』とツッこんだ」

天野「呪文だと思ってんだよなー。それを言ったら、なんでもうまくいくみたいな」

ウド「この前、天野くんがいない花笠祭りで、山車(だし)に乗った時も、『天野く〜ん』って叫びました!」

天野「それ、俺を探していると思うだろう」

3人「ぎゃははは」

それぞれの休日の過ごし方 やすが幸せなら、みんな幸せ

飯尾「ずっと仕事の話しかしてないけど、今日みたいにプライベートで街に行ったりする?」

天野「行ってないねー」

飯尾「休日は何してるの、みんな」

ウド「散歩です」

飯尾「ひとりで?」

ウド「そう。あとウィンドウショッピングですね」

やす「何か買うの?」

ウド「何も買わない。結局、ファミリーマートとセブンイレブンとローソンと、ミニストップ、あと、まいばすけっとに寄っておしまい。最強コンビニ列伝!」

天野「そうなったら、北海道の雄! セイコーマートにも行ってほしいな」

飯尾「飲みに行ったりは?」

ウド「最近は少なくなりましたねー。ただ歩くのが好きなのかな〜。太陽に当たりたいとか月を見たいとかはあるけど。太陽と月の間で生きている、みたいな自覚があるのかな? 天野くんは?」

天野「急に俺かよっ。俺は子どもとプールかな。人生でこんなにプール入ってたことないじゃないかなってくらい水に入ってる」

ウド「体を見ると、運動してる感じはしないけど(笑)」

天野「ただ浮いてるのよっ! でも、ホント、あらゆるところのプールは行ってる」

ウド「天野くんが健康でいてくれることが僕の幸せですから、プールどんどん行ってください」

天野「でも、泳ぎは全然得意じゃないんだよなぁ。いまだに25メートルでハアハアしちゃうけどね。みんなすごいよね、俺よりだいぶ年上の方が、何ターンもしてスイスイ泳いでる。区のプールも温水プールを探して行ってる。

ます」

やす「僕は恵比寿のホットヨガに行ってます。そのあと、表参道のヘッドスパに行って、紀伊國屋でドライフルーツを買って帰ります」

ウド「ピカピカのOLさんですね〜！」

やす「この間、ホットヨガの帰りにタクシーを捕まえようと歩道にいたら、たまたま小堺さんが車で通りかかって、『やす、何やってんの？』と。ちょっと表参道に行きたくてと言うと、『じゃあ送ってってあげるよ』と乗せてくださり、小堺さんの運転でヘッドスパに行きました。小堺さんはヘッドスパをやらなかったけど」

天野「人にはそれぞれの道ってもんがあるから」

ウド「YES！」

飯尾「えっ!?　イエスって何にだよ？」

ウド「う〜ん、もう!!（飯尾の二の腕をつねる）」

天野「やすの1日って、雑誌の『東京カレンダー』みたいだな」

やす「何月号ですか？」

天野「知らないよ」

やす「あとは、行きつけの喫茶店でアッサムティーを飲むのがルーティーンです」

天野「港区女子の1日みたい」

飯尾「干しぶどうみたいな頭してんのに？」

やす「誰がレーズンじゃ、こらっ！」

飯尾「そんで次の日はゴルフ。ホント、仕事終わってスケジュールの打ち合わせした時に、マネージャーさんのスケジュール管理表を横から見たら、やすの表がギッシリ。よく見ると、ロケ、ゴルフ、ロケ、温泉。俺は思わず『やす、幸せだな』ってつぶやいたよ。そうしたらマネージャーさんが『あっ！ 飯尾さん、気づきました？ 私も、やすさん、人生楽しそうで幸せだと思います』って」

天野「スケジュールが、どこぞのＣＥＯみたいだな」

飯尾「俺のレギュラー番組のプロデューサーとかとも、やすはゴルフ行ってんですよ、俺は行ってないのに」

やす「うちの飯尾をお願いしますって売り込んでいるんだよ」

飯尾「そんなの聞いたことないよ。昼に楽しそうに、ヒレカツとアジフライを食べていたという報告しか受けたことないよ」

やす「あと麻婆豆腐を忘れてるよ」

飯尾「自分の営業しろよ！」

やす「痛いところ突かれた……」

飯尾「どこも痛くないよ！」

天野「アハハハ。まあ、まあ。でも、幸せだよな」

一同「ホント、まあ俺ら幸せだなー」

挿画・飯尾和樹

ぺっこり88°。

今でもこんなに珍しい個性的な人物は、いないだろう。そして34年続く友だちになるとは、当時ツーブロック気味でもみあげ短めテクノカットの髪型で、春菊、茗荷(みょうが)の美味しさがまだわからない頃の自分は思ってもいなかっただろう。

出会いは1990年1月17日に浅井企画で面接を受けて、高校時代のバレーボール部の名残りで、「ハイ！　ハイ！」と大きな声で返事をしてたら、これまた高校時代バリバリ昭和の野球部で、世界のホームラン王こと、あの王貞治さんと対戦したことのある専務が、「飯尾〜、おまえは〜！　返事がいいなぁ〜！」のひと言。当時、ルー大柴さんが舞台で喜劇をやる企画があるので、若手を2〜3人をオーディションで募集しようと思っていたらしく、タイミングよく返事だけで……、今思えば、「えっ？　待ってください、大事な舞台に、返事のよさだけで……、いいんですか？　でも、まぁ〜ありがとう、高校バレーボール部！」と思ったものです。

さらに専務から「あっ、そうだ、1カ月後に、舞台の顔合わせをやるから、その時に半年前に飯尾みたいに返事がいいのが飛び込んで来たから　そいつに会わせるから、そういうことで、よろしく!!」と。

大きなハッキリとした返事だけで、萩本欽一さん、坂上二郎さん、車だん吉さん、関根勤さん、小堺一機さん、剛州さん、見栄晴さんと、錚々（そうそう）たる方々がいる浅井企画に所属ができるかもしれないキッカケができたので、そりゃもう、帰り道の目に映る景色が、すべて万華鏡を覗（のぞ）き込んだ時（に見える模様）みたいにキラキラしていました。

そして2月半ばの晴れた冬の五反田の空の下。案内された事務所の応接室に入ると社員さんたちに混じり、背筋をピーンと伸ばし、軽く握った両拳は太ももに置き、侍の空気感を漂（ただよ）わす男の後ろ姿に目が行きました（侍の空気感といっても、侍に会ったことがないので空想です）。

案内された隣の席に座ろうとすると、侍はスゥ〜と立ち、こちらを振り向き、「初めまして自分、鈴木任紀（ヒデキ）と申します。山形県出身です」と侍に今亡き大スター俳優の高倉健さんの渋さをトッピングして、礼儀正しく挨拶をしてくれました。

笑った。心の中で笑った。そんな空気じゃないのも手伝って、心の中で笑いました。声、口調からは想像を裏切る、スッとボケた鈴木くんの顔に。父方母方両家の初孫として生まれ、22年生きてきてお見受けしたことのない顔、雰囲気、紫のブルゾン、普通に真面目に礼儀正しく挨拶するだけで面白い、そんな人物に衝撃が走ると同時に、山形県といえば米、肉、魚、野菜、果物なんでも美味しく、温泉もあるすばらしい環境も考えもんだなぁ〜と笑いを堪(た)えながら考えさせられた五反田の冬の午後。

ちなみに、ウドも振り向いた瞬間に目に飛び込んできたこの父方母方両家初孫のプリンスこと飯尾和樹の顔の衝撃に、笑いを堪えるのが大変だったようだ。

「初めまして、飯尾和樹と申します。東京出身です。こちらこそよろしくお願いします」と喋れば喋るほど、なんだこの人は!? 東京はやっぱりいろいろな意味ですごい、そして恐ろしい街だと思ったと、3カ月も経(た)たないうちに打ち明けられ、「なぁ〜んだ、だったらお互いに笑っちゃえばよかったな!」と睨(にら)み合いながら語り合いました(軽く韻(いん)を踏んでみました)。

そしてさらに2カ月後に、お互い、それぞれの山形県、東京の実家にすごい表情を持つ人と出会ったと、その日に報告をしていた事実も判明しました。ちなみにからが長い!

そして顔合わせの自己紹介が終わった時に、座長のルー大柴さんが面接で、ウドと自分を入れてくれた専務に「この2人は何がキッカケで、ここにいるの?」と聞かれ

ると、専務は、「会った時に何かやってくれると思ったんだよ！」と返しました。その言葉に、ピーンと背筋が伸び、自分の中で精一杯のキリッとした顔をしながら舞い上がりました。それは左隣の侍も同じ。俺たち1990年度の浅井企画ドラフト1位2位じゃないか！　そして専務が、キリッとした表情とごっつい指で、ウドと自分を指し、「よし！　2人、ちょっと立ってみろ！」と、「ハイ！」とその日ばかりは自衛隊の方々よりキレのあるハッキリとした返事（Year of The返事1990受賞）で起立をしたウド、飯尾、そう自称今年の浅井企画ドラフト1位と2位に、専務が「見ろ！　こんな面白い顔、なかなかいないだろう！　アハハハ～」と豪快に笑ったのでした。ルーさん、見栄晴さん、後にキャイ～ンの今亡き初代マネージャー矢島さん（自分の中で、伝説的に熱のある、そしてシャイな素晴らしいマネージャーさんです）も笑いました。つられて、世間になかなかいない顔の2人も笑った。笑いながら専務が立ち上がり、「よ～し2人！　乾杯ビールをそこの酒屋まで、ひとっ走り頼まれてくれるか？」。「ハイ！」（Year of The頼まれ返事1990受賞）と返事をし、そして買ってくる物が書いてあるメモとお金を受け取ると、専務がさらにこう言いました。

「頼んだぞ！　釣りは取っとけ！」

うわぁ～、粋（いき）だなぁ～。これが芸能界か～。ウドも飯尾もテンションがウナギ登り、お互いにまだ距離を感じながらも、買い物という共通目的で「この乾き物でいいんですよね？」「たぶんそうですよね」と敬語で会話をしていました。

心では俺のほうが顔はいいと思いながら。そして期待の専務の「お釣りは取っとけ！」ですが、酒屋さんから手渡されたのは7円、しかも割り切れない奇数、お互い譲り合いしてから「第1回どっちが1円多い、4円ジャンケン大会」の開催です！あいこが何回かあった末に自分が勝ちましたよ。

なんか2人で笑いながらジャンケンしました。だからこの買い物が、またよかったのかもしれません。あと〝ビールのCMか？〟というぐらい、見ているこっちが飲みたくなる呑み姿、ビールを美味しそうに飲む人だなぁ～と思った冬の山手通り（奇跡的にこの本を読んでいるビール会社の方、CM関係の方、思い切ってどうですか？お待ちしてま～す）。

ジャンケンから2～3カ月後のゴールデンウィーク明け、舞台の稽古の初日を迎えました（パターゴルフの受け付け、人材派遣会社の事務などのバイトをたまにしてい

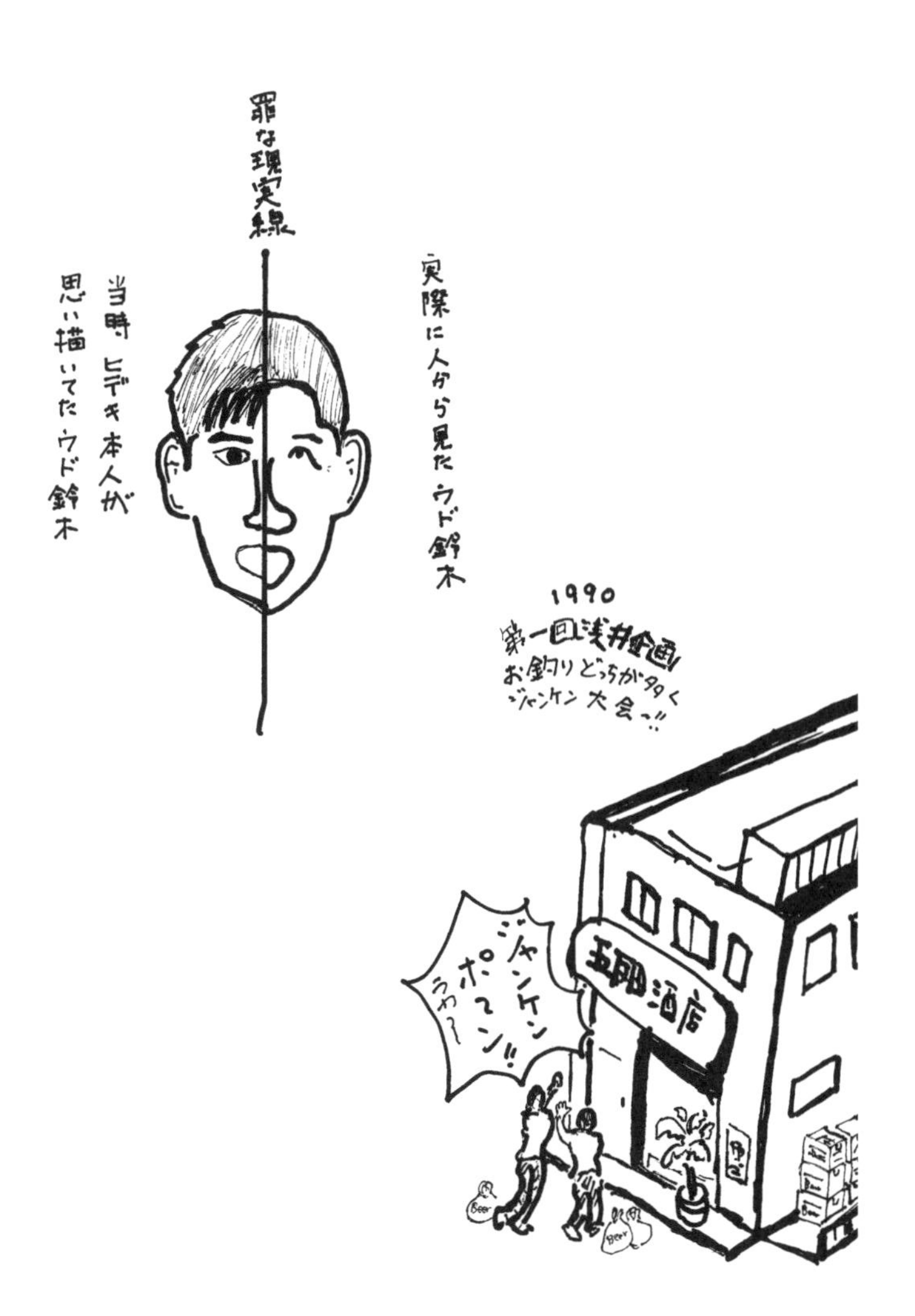
罪な現実線
当時 ヒデキ本人が
思い描いてた ウド鈴木
実際に人から見た ウド鈴木
1990
第一回浅井企画
お釣りどっちが多く
ジャンケン大会っ!!
五郎酒店
ジャンケン
ポーン!!
うわ〜
Beer

るぐらいで、芸能は毎月ゴールデンウィーク状態……、いや毎週いや毎日、ゴールデンＤＡＹ！って当たり前か、大きな返事とビールを美味そうに飲む山形県の青年と買い出しとお釣り多めにもらうジャンケンしかしてないんだから！　でも掴む人はそれだけで、パッ〜ンと行くんでしょうね。でも、ここは大きな返事した、その当時の自分を褒めときますよ。ご勝手に)。

稽古場所は、まだお台場に引っ越す前の河田町にあったフジテレビ！　浅井企画からその連絡が来てからは、ソワソワしましたね〜。初舞台の稽古にというよりも、あの子どものころから観て笑っていたバラエティー番組を作っているテレビ局。曙橋駅を降りて、地図を見ながら（当時は地図を見たり、刑事さんの聞き込みばりに人に聞いたりでしたよ)、そんな感じで歩いて行くと、あっ！　この通りは子どもの頃から毎週笑って観ていた『ひょうきん族』で、たけしさんがタケちゃんマン、さんま師匠がブラックデビルに扮して走り抜けた道だ〜！　うわぁ！　とんねるずさんがテレビで言っていた町中華屋さんだ！　ワァあれは！　ワァあの建物は！　と次々と憧れのお笑いスターたちの発信してくれたフレーズや映像の答え合わせに大興奮！　河田町のフジテレビまでの道のりは、飯尾和樹のミーハー丸出しお笑い聖地巡りツアーでし

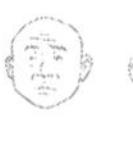
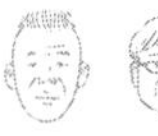

た。

7～8分で着くところを興奮しては立ち止まり過ぎて、20分かけてようやくフジテレビの入り口に着くと、いました、ビール侍いや鈴木くんが。

「お久しぶりです！　今日からよろしくお願いします！」

数カ月前の渋さはどこへやら、笑顔で挨拶してくれた。渋柿が軒下（のきした）に吊るされ天引干しされ、甘く甘くなった干し柿みたいな甘味のある人懐こい、干し柿笑顔でした。

「いやぁ～飯尾さん、緊張しますねぇ～。アハハハ」

あれから随分と陽に当たったんだろう、もしくは行きに自動販売機でジュース買ったら当たったか。とにかくご陽気侍だ。「そうですよね～、こちらこそ！　よろしくお願いします！」と聖地巡りの興奮していたテンションだったので、今思えば1メートル先の人に挨拶するボリュームにしては大き過ぎたと、お陰様で喫茶店のアイスコーヒーを飲みながら振り返れました。

すると矢島さん（後のキャイ～ン初代マネージャー）が「お疲れさん」。

「こんにちは！　よろしくお願いします」

まだ大きな返事と買い出し、ジャンケン、お笑い聖地巡りしかしてない自分は、どっぷり夜に会っても「おはようございます」という業界用語の挨拶は知らず、「おはようございます」は陽が上ってから午前9時までで、それ以降は「こんにちは」、陽が沈めば「こんばんは」という挨拶をしていましたが、鈴木くんは軽快に「おはようございます！」と。えっ⁉　あえて出身県で「おいっ！　山形県！」、もっと細かく「庄内地方！」と思いましたが、細かく言えば、半年先輩だ！　俺もいつか「おはようございま〜す！」に慣れるのかな〜と思いながら、鈴木くんの横顔を2秒くらい見ていた、ウド鈴木がまだソフトモヒカンではない時代の五月晴れ。

そして初めてのテレビ局に入りましたが、この時は小学校時代のインフルエンザの予防接種前並みにドキドキしましたね。このお爺ちゃん先生、痛くないかなぁ〜。

あっ、そんな話はどうでもいい。矢島さんに案内されるがまま後ろをついて歩いていると、逆方向から大量の衣装が掛かったキャスターを引っ張るスタッフが。矢島さんの動きを真似て道を空け、横を通り過ぎる衣装に『夢で逢えたら』と書いてある紙が貼られていました。うわぁ〜、観てる、観てる、今週の土曜日も観るよ！　ダウンタウンさん、ウッチャンナンチャンさん、清水ミチコさん、野沢直子さんが同じ建物にいるんだ〜と鈴木くんと目を合わせながら、オォ〜と頷（うなず）き合ったのを今でも憶（おぼ）えて

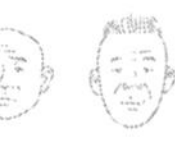

います。

ここで今現在の飯尾から当時の2人へメッセージです。「その日にいるとは限らないのに」以上！

リハ室に着いてほどなくすると、作家の有川さん、舘川さん、楠野さん（関根さん、小堺さんの作家三羽烏）、柏田さん（自分が初めて浅井企画に電話した時に話を聞いてくれて、専務に繋げてくれた恩人の1人です）、鈴木くんが事務所に飛び込んですぐに専務命令で、鈴木くんの面倒をみてくれた片岡さん（今現在は「夢麻呂」という芸名で30年以上続く劇団の座長）、見栄晴さん、そして座長のルー大柴さんが次々と入って来ました。

すると、片岡さんがこちらを見て、「おい、ウド！」と。ウド？　なんだ？　業界用語か？　と一瞬思っていたら、「ハイ！」と聞き覚えのあるご陽気な声がするほうを見ると、そこには片岡さんを真っ直ぐ見て、返事したての鈴木くんが立っていました。

「ウド!?　ウドって、なんですか？」

鈴木くんと片岡さんに尋ねると、「自分が大きい体でドジばかりするんで、片岡さ

んがウドの大木から、ウドをいただき　ウド鈴木と芸名を付けてくれたんです」

え～！　鈴木くんってドジなんだ～。初めて会った渋めの頃には、すでにウド鈴木、ドジ多めの人が渋めに挨拶したんだ～。自分の中で、ウド鈴木登場の瞬間です。さようなら鈴木くん、こんにちはウド鈴木くん。

そんなミドル衝撃を受け止めていると、台本の読み合わせが始まったのですが、先輩たちが読んでいるだけでめちゃくちゃ面白くて、「ハァ～これがプロかぁ～」と ド素人くせっ毛の自分は衝撃を受けました（脚本もクレイジーで、面白かったぁ～）。

そして、いよいよ鈴木くんの番です……。結果から申しますと……、面白い！　ウド鈴木、面白い!!　なんだこの人！！！　普通の台詞の中で自分の名前を少々大きな声で言っているだけなのに、リハ室が笑いに包まれていました。

一方、そのあと、出番の自分も……、とあたかもウケたように書きたいのですが、ノンフィクションで書くと、面白く登場する太陽という大役をいただいたのだが、緊張してあがってしまい、この仕事では間違った照れが出て、そこには植物から、「そんなんじゃ、光合成できないよう～」とクレームが来るぐらいの、ただ緊張した太陽がいました。ひょっとしたら、その日は陽は出なかったんじゃないか？

忍法〜
メガネは残せても
初舞台の
おもしろく登場する
太陽は結果残せ〜ず
11時間ぶりに
水平線から
ポコッ!!
どうも
太陽です

とにかく、周りが何やっても褒めてくれた生後8カ月ぐらいから、やり直したいくらい散々な稽古初日でした。今2軒目の喫茶店で、グレーのパーカーに付いたフレッシュクリームを拭き取りながら振り返ってみると、この頃からウドはすでにお笑いをやっていくんだ！　と腹を括っていたと思います。ああ見えて、本当にシャイで人見知りな男ですが、人前に出る仕事で、照れ、恥ずかしさなんて言ってられないよな。趣味じゃないんだから。だから腹括りスイッチが入るんでしょうね。「やるだけやってみよう」と思いっきりがいい男なのです。

面白い、スベる以前に、その大きな差は感じました。今も変わらず、思いっきりがよすぎて、時折り焼売の袋入りの辛子を開ける時に辛子を飛ばして、「うお〜うお〜服に付いたっちゃ〜」と庄内弁まじりの雄叫びを上げながら、「ウド鈴木」という芸名の由来通りの生活をしています。そしてシャイです。

自分も才能ある周りのフォロー全開のおかげで、数ミリずつ前に進んで行きました。稽古期間中に、打ち解けるのも早く、飯を食べに行った時も、よく食べる、生命力溢れる食べっぷりで、コロッケ1個にソースぶっかけてドンブリ飯一杯、「美味いっす

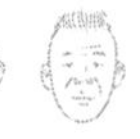

ね～米は。最高ですね～」と言いながら、好物の生姜焼き定食を食べ終わる頃には、無料おかわり2杯はしていましたし、稽古終わりの先輩方の奢(おご)り飯の時には、それに味噌汁代わりのラーメンか蕎麦をツルツルっと食べるカタチで、微力ながら日本経済を回していました（微、微、微力すぎる！＋そして先輩の支払い経済力）。

　ある日の稽古帰りに外で呑むお金がないからといろいろと買い込んで、ウド宅で呑むことになり、初めてお邪魔しました。2階の日当たりのよい東南の角部屋で、畳の四畳半一間、玄関入ってすぐに小さい台所、風呂なし共同トイレ。そんな夢に向かって真っしぐらな部屋は、きれいに片付いていてというよりもきれいな民泊のお洒落さを感じさせる部屋でした（シャイできれい好き）。

「ようこそ、飯尾さん！　好きな所に座ってください」

　世帯主の案内に従い、腰掛けるとある疑問がスッキリ解決しました。初めて事務所で会った時に、〝なんであんなに、渋くカッコつけた挨拶して来たんだろう？〟という疑問。解決してくれたのは、部屋に貼ってある映画のポスターの高倉健さんでした。

「お～健さん、好きなんだ～？」と聞くと、カップ麺のお湯の準備をしていた手を止め、若干、高倉健さんの雰囲気を自身の眉間(みけん)辺りに入れながら、「ハイ！　自分、健さんが大好きなんです」とウド高倉で答えてきました。だから、あんなに渋く、自分を演出して。そうか、憧れって、ない物ねだりなんだなぁ〜と山形県出身者から学んだ90年の上半期。

教えていただいたウド鈴木先生に、「カンパ〜イ！　自分の初舞台は、初日稽古よりは、さすがによかったですが、やはり緊張してお客さんの顔はもちろん見れませんでした。まぁ〜緊張するのも生きている証か……、そう思わなきゃやってられないくらい緊張しましたよ」と吐露。

一方、鈴木くん改めウド鈴木は、しっかりと正面の客席を見れていました。その記憶は確かです。なぜなら後にキャイ〜ン初代マネージャーになる酔った矢島さんに、舞台の打ち上げの居酒屋さんで「飯尾、正面も見ろ。ウドはウケようがスベろうが、正面を見てるぞ」と言われたのを、今でも覚えています。

あと覚えているのは、その居酒屋さんの唐揚げは自分とウド鈴木が好きな竜田風で美味しく、コソコソと追加注文をした初舞台の6月下旬の夜でした。

緊張した太陽役をやらしていただいてから、浅井企画に仕事のオファー電話が鳴り響かないまま、秋になった頃（そりゃそうだ！　あの出来でピンっと来る人急募

中！」）、先輩の片岡さんから、やることがなかったら自身の劇団公演を勉強がてら、簡単な照明係の手伝いをしないかと誘っていただきました。

片岡さんの劇団には演者としてウドも入っていて、もうすでに何回か出演していました。やることもないし、ウドと片岡さんに会いに行く感じで、二つ返事で引き受けました。

自分は本番2日前から合流して、キッカケの照明スイッチをオン、オフを必死に切り替えていました。片岡さんとウドのシーンでは、暗転のタイミングでウケるパートがあり、緊張しました。緊張している太陽から緊張している照明係へ、どちらも生き物に光を照らしている〜。ひょっとしたらウドと片岡さんの掛け合いは、キャイ〜ンとはまた違った味で、ウケていましたね〜。そりゃもう公演2日目に、照明のタイミングが少々遅くても関係なくウケていましたね……、ってオイ！　照明係！　失敗したのか！

「すみません！　でも、あんなにウケたからいいじゃん！　すみません！」（当時を知る面白い太陽にはなれなかった照明係談）

劇団の出演者には、ウドと同学年で同じ山形県出身の岡ちゃん（今現在は立派な会

社員）がいて、彼も面白い人で千秋楽の打ち上げ終わりに、ウド、岡ちゃんと3人で〆のラーメン&餃子&チャーハンを食べに行くことになり、店でワイワイツルツルバクバクグイグイ〜っと盛り上がっていた時、岡ちゃんが「もっとこうすりゃよかった、あそこはこうすりゃ〜」と言うと、それに対して、ウドも「いや〜、ちゃんとウケてたよ〜。ねぇ飯尾さん」と公演後のよくある楽しい振り返りが、いつの間にかウドと岡ちゃんが、「そんなに思うんだったら、本番でかませばいいだろう！」「でも、ストーリーがあるだろう！」と山形弁中心に激しくなっていきました。自分も出会って8カ月ちょっと、ウドのあんなに険しい顔とは初対面で、でもどこかでお会いしたような……。

あっ！　ウド宅の映画のポスターの人……そう大スター俳優高倉健さん！　その健さん果汁15%のウド鈴倉さんになっていました！

その日に気づいたのですが、ウドから山形弁が出始めたら「俺の話を聞いてくれ」のサインです（後にポケットビスケッツの曲『GREEN MAN』の歌い出しの歌詞になりました。内村さん、千秋ちゃん、パッパラー河合さん、ありがとうございます！浅井企画より）。

2人がどんどんヒートアップして行く中、私、飯尾和樹としてはテーブル中央に置いてある3人シェアメニューの大盛りチャーハンと焼き餃子を、2人の真剣ピリピリの狭間から取りに行くタイミングを絶妙な間で取り、食べていました（お腹空いてる時にやめてよ〜）。

でも、聞いていると2人の言い分はわかるし、あの楽しかった時に戻りたく意を決して初発言、「まぁウド、岡ちゃんの気持ちもわかってやれよ」。するとウドが、ウド鈴木ではなく高倉健さん微（わず）か混じりのウド鈴倉の険しい顔と少々大きめのボリュームで、「幼なじみのこいつの気持ちは、あんたより俺が一番、わかっているんですよ！」とギリギリ敬語入りで言ってきた瞬間に、なんでしょうか、パーンっと、今まで22年生きてきて、自分自身も知らなかった自分の中の高倉健さんが、渋く低い声で「おはようございます」と目を覚ましたのです。

「初めまして自分、飯尾健と申します」（ウドより健さん果汁多めの16％）と名乗った気がします。

もうそこからは「なんなんだ、おまえ〜！」「うるせぇ〜な、この野郎！」と会計も済ませ、店から出て、近くのゴールデン街の遊歩道でも、「なんだ！」「うるせ！」

と続いていました。ウドと私は出会ってからすぐに、普段から冗談混りで言い合いはしていて、「川の上流の石みたいな顔して！」とウドが言うと、自分もすぐさま「どの口が言ってんだよ、ガスコンロの弱火みたいな顔して！」と言い返す。ウドもそれに対して……、飯尾も、どっちが寝るまで……とやり合っていました。でも、この時ばかりは手は出さないまでも、ウド鈴倉VS飯尾健、または健さん果汁7％VS健さん果汁8％の、世界中誰も見守らない注目度ゼロの一戦でした。

申し訳ないのが、岡ちゃんです。ラーメン食べながら真面目に建設的な話をしていたのに途中から、W倉の仲裁に入り、「やめろ、俺とウドの話だろ！　飯尾さんに失礼だろう！　飯尾さん、すみません！　ちょっと頭冷やさせますんで！」。

「いいよ岡ちゃん、疲れてるんだから、先に帰って休んでよ！」

「何言ってんだ！　幼なじみが疲れてんのは、あんたより俺が一番、わかってるんだよ！」

「2人ともありがとう！　俺は疲れてないから、やめましょう！　やめろォ～～～！」と強い目力で、世紀の凡戦を名レフリーっぷりで裁（さば）いてくれました。名レフリー岡ちゃんのお陰で自分もウドも、「そうだな」という空気になり、お互いに「ゴメ

1990
UDOs DREAM ROOM
2階の東南角部屋
陽あたり大良好
4畳半
夏は必要以上に夏を感じ(51℃)
冬の昼間は春.夕方は秋.夜はしっかり真冬を感じ
日本の四季をとことん楽しめる。

ン！」となり終戦。世紀の凡戦で、すっかり最終電車もなくなってしまい、始発まで、ここから一番近い岡ちゃんのアパートで飲み直しました。岡ちゃんの部屋は、これまたきれいで、山形の県民性なのかなと思いながら、また呑んで笑った秋。この日を機にお互いに、遠慮がよい意味でもなくなった気がする、ウド鈴木と初めて喧嘩した秋の朝。

1991年。新年明けましておめでとうございます！（カレンダーが桃鉄風にペラリとめくれました）。

90年末に自分を返事のよさだけで入れてくれた専務に呑みに連れて行ってもらった時に、ビール、焼き鳥を挟んで自分とウドに「浅井企画もお笑いライブを4月から開催するから、ピンなのか、コンビでコント、漫才をするのか、考えてネタを作って、春のネタ見せに持って来い！　カンパ〜イ！」と言われました。ちょうど小学校からの幼なじみが仕事を辞めて、笑いのツボが同じで、自分から見てもセンスが抜群なので誘って、「チャマーズ」というコンビを組みました。面白いもので、ウドとはお互いにコンビのコの字も出なくて、ウドはピンで1人コントをやっていくと早い段階で

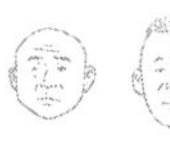

話していましたね。その時も、「あ〜、ウドは、ピンでも十分いけるなぁ〜」と思いました。まあルーさんや片岡さんの舞台であのウケ方を見れば、第5回WBCの栗山監督もそう思うんじゃないかな……。ハァ〜?

そしてハァ〜? から3カ月、いよいよネタ見せです。自分たちもコントネタを見せてから、他の参加者のネタを見ていたら、小柄で、革ジャンを着て、よい声で、面白いショートコントをする大学生コンビ「コンビ解消」がいました。

まだド素人に毛どころか産毛(うぶげ)も生えてない自分でも、彼らはネタ見せで受かったなとわかりました。その時は周りと話す余裕もなく、会釈(えしゃく)くらいで済ませた後日、合格の連絡をもらい、浮かれ喜んで半月後のライブ当日、会場に行って客席に座っていると後ろからよい声で、「あっ! やっぱり受かってた、コンビ解消の天野です。よろしく!」と明るく話しかけてきたのが、あの時の革ジャン青年、天野ひろゆき(当時はまだメガネなしの裸眼)でした。

当時の天野の相方タクちゃん(今現在コンビニのオーナー)と2人とも明るく、すぐに話すようになりましたね。

「飯尾さ〜ん、おはようございます〜!」とウドも、もちろん合流してライブが始ま

りました。持ち時間は1組4分だったかな。まず自分たちの出番で、緊張しましたが、あの緊張した太陽役の経験が活きたのか、お客さんも優しかったのも手伝ってウケた思い出があります。

終わってホッとしていると、天野たちが取り調べコントに使う机と椅子をせっせと舞台袖に運んでいるので、それを手伝い、コンビ解消の出番になったら舞台にセッティングするのも手伝うことにして天野たちと袖で座っていると、ウドが「行って来ます！」と舞台へ旅立って行きました。

「ウド鈴木のショートコントシリーズ　待ち合わせ！」

ウドは名前とタイトルを言っただけで、面白い空気にしていました。しかし、ショートコントが持ち時間の4分経っても10分経っても終わる気配がありません……。あれ？　あれ？　と言いながらも、天野は小刻みにツッコミを入れています。舞台のウドの1人コントと袖で俺たちにしか聞こえない天野のツッコミが両耳から入って来て、それがひとつのネタみたいになって面白くて、「やめろ天野くん、笑っちゃうだろ」「いやいやだってさぁ～、この人の待ち合わせは～」とククックククッと笑い声を出さないのに必死でしたが、ウドのネタが20分くらい経過したところで、舞台上のウドが

「ウド鈴木のショートコントシリーズパート2！」と言い出し、袖で大コケしました！

「ショートじゃね〜よ」

そして、ウド鈴木のショートコントパート2と同時に、袖にいる人だけに向けての第2回天野ひろゆきツッコミショーが開催されました！

結局ウドは、ショートコント3本を、40分かけてお送りして、汗だくでやり切った顔で袖に帰ってきて言いました。

「すみません！　ちょっと長くなっちゃいました！」

（ちょっとじゃないよ〜。新幹線だったら熱海に着いてるよ！）。

でも1人っきりの初舞台で、お客さんの前で40分立てるって、すごくないですか？

思いっきりがよいというか、なんなんだ、このウド鈴木っていう男は？　ただの米好きじゃないなぁ〜と感じていましたが、もう1人、思いっきりのよい男がすぐに現れました。天野ひろゆきです。

ウドのあとに舞台に出て行った天野たちは、暗転中のセッティングが終わり、舞台が明転した瞬間に、ネタに沿ったアドリブで待たせられたことをサラッと入れたひと

言で、会場は大爆笑でした。初舞台でアドリブって、思いっきりがよすぎるだろ！　当時の相方と帰りの電車で「あいつのツッコミは面白いね～。ちょっとレベルが違うな～」と話していました。

天野とは月一回のネタ見せとライブ本番後、たまに当時自分が管理人がわりに一人暮らしをしていた母親の実家の一軒家に泊まりに来たりして（風呂もあれば、ホットプレートなんて2～3台ありました。この時点でハングリーゼロ）、「たけしさんが好きだ」「漫才が好きだから漫才をやりたい」「相方のタクちゃんは放送作家志望なんだ～」といろいろと話していましたが、仲よくなって3カ月後のある日に天野から連絡がありました。

「あっ、もしもし飯尾くん、コンビ解消になりました～」

「えっ！　なんで？　面白いのにもったいない」

「タクちゃんが、人前はやっぱり向いてないから、やっぱり放送作家になりたいって」

「そうか～、言ってたもんね～。で、天野はどうするの？」

「ひとりで、やってみるよ！　今月からライブの前説やるから～」

一九九一年 春
浅井企画初ライブ
ウドの出番中 袖の天野・飯尾
一方 そのころ やすの額は
まだ わずか 三センチだった。

92年の春まで
登場しません

天野ひろゆきの毒っ気のある前説も面白かった。でも、ウケてるのにどこか不完全燃焼な顔をしていました。それは漫才がしたい人だから。

この時期に再びルーさんの舞台があり、自分は潰れかけているライブハウスのマスター役（太陽から人へ）をいただき、ウドは馬鹿な王子様（どんな物語なんだよ）、そして1人で頑張っている天野も出ることに。

公演には公私共にお笑いの恩人である関根勤さんが観に来ていて、公演後に関根さんに挨拶に行くと、「いいよ、マスター最高だよ～　あの時の台詞とか～」と、あのテレビで観ていたクレイジーな天才で、浅井企画の看板である関根さんに褒めてもらいました。嬉しかったー。

「あ、ありがとうございます！」

だらしない顔になったのを、今でも忘れません。だって、あの太陽からですよ。そりゃ～顔もだらしなくなるか（当時から関根さんは、人のよいとこ探し名人）。

そして浮かれている時期に、ウドから連絡がありました。

「もしもし飯尾さん、この度、自分、アメオうんお、ゾんびうむのになりました～」

興奮していて、後半何を言ってるのか、サッパリわからないが、嬉しそうだな。

「ゴメン、何を言ってるのか、聞き取れないよ」

「もう〜飯尾さんったら〜。もしもし飯尾さん？」

「そこから！ そこは聞き取れたよ。ゆっくり頼むよ」

「も〜う、い い お さ ん」

「そこはいいんだよ！」

「アハハハ〜。もう飯尾さん。この度、天野くんとコンビを組むことになりました！ よろしくお願いします！」

「うわっ！ よかったな！」

「今、天野くんと代わります！」

「もしもし飯尾くん。天野〜、なんかウドちゃんが勝手に言ってんだけど〜。よろしく」

後ろのほうから「ちょっと天野く〜ん」。

リゾート地からの熱々カップルの報告みたいだったけど、俺の中での「キャイ〜ン」誕生です（正式には最初のほんの数カ月は、今の時代に合わないコンビ名でした）。

ここからはライブでもウケまくって、あっという間に売れていきましたよ！ この2〜3年後には売れっ子の集まり、大人気テレビ番組『笑っていいとも！』にも出ていましたし、サッカーのJリーグ浦和レッズの選手がシュートを決めると、パフォーマンスでキャイ～ンのポーズをしたり……。よく奢ってもらいました！

ちなみに大将こと萩本欽一さんのライブハウスでの「キャイ～ン初単独ライブ」の照明は、私、飯尾が担当しました。これまでの照明係の経験を活かしまして、もちろん赤ライトと青ライトを間違えました！

キャイ～ンとの仕事帰りに、キャイ～ン初代マネージャーの矢島さんに車で途中まで送ってもらっている時のこと。

「飯尾、明日と明後日、仕事あるのか？」

「ちょっとスケジュール確認……」

「ないだろ。このまま今日からのリハ、付き合えよ～。腹は空かせないから」

さすが矢島さんは有言実行、腹は空かなかった、好きな物を好きなだけ食べさせてくれた。そして笑わしてくれた。でも今、自宅で書きながら思うのは、その時の矢島さんは自分に、キャイ～ンをそばで観て、刺激を受けて早く来いってことだったのかなと。よく酒に酔った矢島さんに、「飯尾はもったいないなあ～。あとちょっとだよ～」と言われていたので……。矢島さんはとにかく、「Mr.キャイ～ンのためだった

正確な矢島さんの顔はこの公式で

(王貞治 + キャスパー)÷2 = 矢島さん顔

(世界のホームラン王 第1回WBC監督) (1995年米製作 大ヒット映画) (偶数) (キャイ〜ン初代マネージャー)

書いてみて下さい!

ら」の人でした。

1992年の春には幼なじみとのコンビは残念ながら解散しました。彼は自分よりお笑い感覚があったのに、スパっと気持ちよく辞めていきました。数年前にさんま師匠に、「自分が元相方も含めて、面白いセンスがあるな〜と思う人ほど、スパっと辞めていくんですよ」と話したところ、さんま師匠が「飯尾、それは俺らの時代もそうやねん。頭がいいやつほど、いつ売れるかわからんところに、大事な時間をかけてられへんのや。だから、俺も飯尾も、頭がちょっとイカれてんねん」(ここ数年で1番の納得!)。

そして事務所の薦めもあって、後輩の村山くん(現在はライター兼イベンター。ということは、村ちゃんも頭がよい……。2回目の納得!)と、「La.おかき」というコンビを結成しました。

組み始めた頃の浅井企画のネタ見せ当日、「今日のネタ見せを受ける、『ヘーシンク』というコンビを密着取材するテレビカメラが入ります」という知らせが。どんな期待の新人コンビが来るんだ〜と、キャイ〜ンたちとザワついてたら、外が騒がしく

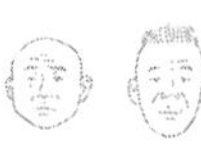

なって、ネタ見せ室にまずはカメラさんが入ってきました。そのあとに、ついにみんなが注目する中、期待の新人コンビが登場。

「よろしくお願いしま〜す」

なかなかゴツい身体の2人組で、1人は声がデカくやや茶髪、もう1人が丸顔で額の狭い、若い北陸のお地蔵さん顔でした。そう皆さん、北陸のお地蔵さん顔の男が、今現在ずんのリーダー、ずんのやす、私の相方のやすです。

カメラを引っ提げてのデビューですよ！　そしてなんと、そのネタ見せで落ちたんですよ！　今じゃ笑い話ですが、なんでも代々木公園でネタ合わせをしていたら、ニュース番組のスタッフから、「夢を追う若者たちの苦悩」とかいう特集で密着させてほしいと声をかけられたらしいのです。

その日からヘーシンクのやすと相方のマンモウ飯田（今、会社の社長兼地元長野県のタレントとして活躍中）とは、毎月のネタ見せで会うようになりました。

マンモウちゃんもやすも豪快な笑い方で、いい具合に隙だらけで、人間味溢れていて、同期や後輩からも慕われていましたから、すぐにお互いの家を行き来する仲となりました。浅井企画では飯尾と連絡がつかない時にはまず、「ウドか、ヘーシンクの

2人に電話して！」というほど。

ヘーシンクは出会ってから4年後には、いろいろなライブでトリを務めるようになり、テレビにもちょこちょこと出始めました。自分から見ても、ブレイク寸前まで行ったと思います。

でも、マンモウちゃんも結婚して家族が増えて、長野県の実家の会社を継ぐことに（少ししたら、会社をやりながら、地元では有名なタレントに。これまた、すごい）。

一方のやすは、ひとり地蔵に……。そして近くに村山くんが辞めて、ひとりくせっ毛になった飯尾。飯尾32歳、やす31歳。こうなったら最後に組んで、ダメだったら、スパっと辞めよう！と「ずん」を結成した2000年の正月明け。

浅井企画の在庫品ですね。コンディショナーとコンディショナーが組んだって、全然泡立ちが悪いよ！　まぁ～当時のやすは、キャイ～ンと同じ歳だし、プライベートでキャイ～ンとの飯に誘っても、「いやぁ～、まだいいですよ～。ちょっとその域に俺がまだ達してないからな～」と断っていました。その域ってなんだ？

どこで何がキッカケで変わったのか。この本を読んでいる皆さん、キャイ～ンと旅行しながら、ブ～って屁をして、キャッキャキャッ笑っていますよ。見事な地蔵顔で。時

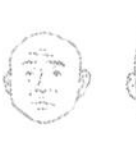

折、大仏顔で……。

「大仏様の顔がどう見えるかで、自分の今がわかる」とよくいうが、４人の旅で、やす大仏が屁をして私は大笑いしているということは、飯尾和樹は楽しいってことか！

あ～、やだやだ。

ちなみに、天野はやすのことを「やす」、もしくは「栗頭先生」。ウドは「やすぼん」。浅井企画の先代の浅井社長は、関根くん、小堺くん、天野くん、ウドくん、飯尾くんと呼ぶ中、やすには「やすさん」とさん付けでした。

ずんのやす、不思議な人だよ、あんたは！

Q お正月はどう過してたんですか?
ホ〜タテ〜!!

キャイ～ン　1991年に結成。

天野ひろゆき（あまのひろゆき）　1970年３月24日生まれ、愛知県出身。1991年「キャイ～ン」結成、芸能界イチ仲の良いコンビと言われる。バラエティーを中心に、映画やドラマで活躍。レギュラーは、「うまいッ!」（NHK総合）、「プレミアの巣窟」（フジテレビ系）、「スイッチ！」（東海テレビ、木曜日コメンテーター）、「あまドラ～天野っちのドライブしよう!!～」（テレビ愛知）ほか。また、「ウッチャンナンチャンのウリナリ!!」（日本テレビ系）の企画で、南原清隆、ビビアン・スーと共に音楽ユニット「ブラックビスケッツ」を結成し、NHK紅白歌合戦にも出場。「キャイ～ンのティアチャンネル」がYouTube配信中！

ウド鈴木（うどすずき）　1970年1月19日生まれ、山形県出身。1991年「キャイ～ン」結成、芸能界イチ仲の良いコンビと言われる。バラエティーを中心に活躍中。現在では「大好き♡東北　定禅寺しゃべり亭」（NHK仙台）、「ななにー地下ABEMA」（ABEMA）、「WANIWANIさせて」（YBSラジオ）などでレギュラー放送。またふとした時に詠んだ短歌をまとめた『ウドの31音』（飯塚書店）を上梓。また、「ウッチャンナンチャンのウリナリ!!」（日本テレビ系）の企画で、内村光良、千秋と共に音楽ユニット「ポケットビスケッツ」を結成し、NHK紅白歌合戦にも出場。「キャイ～ンのティアチャンネル」がYouTube配信中！

ずん　2000年に結成

飯尾和樹（いいおかずき）　1968年12月22日生まれ、東京都出身。現在では、「さんまのお笑い向上委員会」（フジテレビ）や「飯尾和樹のずん喫茶」（BSテレ東）など、多数のバラエティ番組に出演するほか、情報番組「ノンストップ！」（フジテレビ）では『サイコロメガネ飯』という料理コーナーもあり。さらにドラマやCM、映画へと活躍の場を広げ、主な出演作品にドラマ「アンナチュラル」（TBS）や映画「沈黙のパレード」がある。映画「沈黙のパレード」では、第65回ブルーリボン賞の助演男優賞を受賞。

やす　1969年11月18日生まれ、宮崎県出身。現在では、「マツコ＆有吉 かりそめ天国」（テレビ朝日）のVTRに出演するほか、「わけもん!!『郵便番号の旅』」（宮崎放送）と「ゆうがたGet！『ずんマンモウ』」（テレビ信州）のレギュラーコーナーがある。さらにドラマや映画へと活躍の場を広げ、主な出演作品にドラマ「#コールドゲーム」（東海テレビ・フジテレビ）や「おいしい給食 season3」（tvk・TOKYO MX・BS12）、映画「ロストケア」がある。

協力　株式会社浅井企画
企画・編集協力　いくしままき
カバー・本文デザイン　館森則之（module）
写真　浦田大作
DTP　キャップス
本文イラスト　岡本倫幸

キャイ〜ン ずん 作文集
ほぼ同じで、ぜんぜん違う

初版第一刷　2024年4月30日

著者　天野ひろゆき、ウド鈴木、飯尾和樹、やす
発行者　小宮英行
発行所　株式会社 徳間書店
〒141-8202　東京都品川区上大崎3-1-1
目黒セントラルスクエア
電話 編集 03-5403-4350
販売 049-293-5521
振替 00140-0-44392
印刷・製本　中央精版印刷株式会社

©2024 Hiroyuki Amano,Udo Suzuki,Kazuki Iio,Yasu, Printed in Japan
乱丁、落丁はお取替えいたします。
ISBN978-4-19-865794-9
※本書の無断複写は著作権法上での例外を除き禁じられています。
購入者以外の第三者による本書のいかなる電子複製も一切認められておりません。

Special Thanks

COSTA LATINA
錦糸町PARCO
錦糸町のみなさん
三軒茶屋のみなさん
来るびる
五反田のみなさん
沖縄料理結まーる
鶴ヶ城
白虎隊記念館
福島のみなさん
すがい食堂
宮崎のうどん処·寿司処 小丸新茶屋
村田靴店
アイキ旗店
ホテル四季亭
高鍋町役場
高鍋温泉めいりんの湯
宮崎のみなさん